Amoureux d'Art

DU MÊME AUTEUR

	fr.
UNE VOLÉE de MERLES. 1 vol......	2 »
LE ROMAN DE LA CHAIR, 100 dessins par Hadol. 1 vol..................................	3 50
AVANT LE DÉLUGE, avec une eau-forte par E. Millet. 1 vol.........................	2 »
L'INSOUMIS, avec une eau-forte par E. Millet. 1 vol.	2 »
LE PETIT MANUEL D'ART *à l'usage des ignorants*, avec six eaux-fortes par E. Millet...........	3 50
LE LIVRE D'ART DES FEMMES, avec une eau-forte par Ribot. 1 vol....	3 50

FEND-LE-VENT, *histoire d'un âne* (dans les NOUVELLES A L'EAU-FORTE).

LA PARADE DES JOUEURS (dans le LIVRE DES TÊTES DE BOIS.)

LA PARADE DE LA DETTE.

ANGERS, IMPRIMERIE BURDIN ET Cie, RUE GARNIER, 4.

Imp. A Lemercier

JEAN DOLENT

Amoureux d'Art

Portrait de l'Auteur par Bracquemond

EAU-FORTE PAR EUGÈNE CARRIÈRE

PARIS
ALPHONSE LEMERRE ÉDITEUR
27-29, PASSAGE CHOISEUL, 27-29

1888

Amoureux d'Art

I

1887

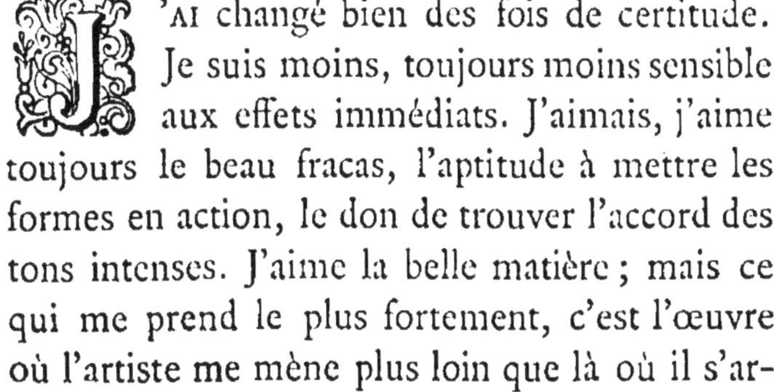

J'ai changé bien des fois de certitude. Je suis moins, toujours moins sensible aux effets immédiats. J'aimais, j'aime toujours le beau fracas, l'aptitude à mettre les formes en action, le don de trouver l'accord des tons intenses. J'aime la belle matière ; mais ce qui me prend le plus fortement, c'est l'œuvre où l'artiste me mène plus loin que là où il s'arrête — où il paraît s'arrêter.

J'aime toujours : Ribot, Henner, Israëls, Fantin-Latour, Vollon, Degas, Whistler, Jongkind, Harpignies. Puvis de Chavannes, Gustave Moreau, Rodin, Eugène Carrière me passionnent. Rops est subtil. Odilon Redon est singulier. Besnard, Cazin, Uhde m'intéressent ; Dalou me récrée.

Je vois en moi. Ce que je cherche, c'est un autre moi-même, un artiste qui me ressemble en beau, aussi sensible et mieux doué. Dans cette dernière évolution d'esprit, j'ai pris l'horreur, mieux, le dédain des choses circonscrites. Mon idéal : Vérités ayant la magie du rêve.

J'ai le plus vif plaisir à feuilleter un album d'artiste : — un croquis — une indication — une recherche de mouvement — d'harmonie. « C'est si peu de chose » ; ce « peu de chose » m'enchante : une attache — une main — une oreille.

Ce que je publie aujourd'hui ressemble à l'album de l'artiste. Des notes prises à l'atelier — au Musée — dans la rue (dans la rue le plus souvent). Le pêle-mêle est rassurant ; pas de déformation par une inutile mise en œuvre.

Je reste dans mon sujet : je ne sors pas de la vie.

On me dit : Vous n'êtes pas libre. Vous ne pouvez juger librement un médiocre artiste votre ami.

Je réponds : Je suis libre, et, pour garder ma liberté, je n'ai pas d'ami, médiocre artiste.

Ce petit livre est un aérostat qui quitte terre aux premières pages — avec un homme dans la nacelle.

Imp. Bircher

RÉALITÉS AYANT LA MAGIE DU RÊVE

II

Belleville-cottage (1880)

Si mon Van Dyck était à tout autre, je dirais : Flamand, bien de l'époque ; mais trop coloré pour un Van Dyck — et ce n'est pas de Rubens.

*
* *

Je suis allé chez Monsieur... Il a de bonnes choses, quelques bonnes choses, aussi de bien *faiblottes*. Chez lui, si vous l'écoutez, tout ce qui est de l'École est du Maître. J'ai noté d'étonnantes attributions ! Cela m'a fait plaisir. J'ai

1.

dit : « Votre réparateur est assez adroit. » Ah ! un Boucher ! La signature est fausse ! Le tableau était vrai. Cela ne m'a pas été agréable. Un peu fatigué son Tassaert...

*
* *

L'originalité d'Humbert est composée de morceaux joints : François Millet, Puvis de Chavannes. On voit la couture.

*
* *

FAÇONS D'EXPRIMER :
Un peintre : Ça n'est pas vu.

*
* *

Tout est un peu vrai [1].

*
* *

Un tableau provoque le désir — l'espérance — le dégoût.

J'ai ressenti cela.

1. Non. Quelle porte ouverte aux neutres !

*
* *

Avoir une œuvre d'art à bon marché, se dire : « Cela m'a coûté 1,000 francs, cela vaut bien davantage. » (Ce n'est pas par intérêt, c'est par orgueil.) Penser à cela, se sourire. Je me souris.

*
* *

Chaplin flatte ma gourmandise.

*
* *

Un artiste, un peintre, s'il juge un autre peintre, un peintre vivant, par un patient effort paraît péniblement chercher les mots. Je le crois très habile.

*
* *

Les silencieux, certains d'entre eux, donnent un regret et attirent sur eux un intérêt : on croit à des vérités détenues.

*
* *

Des peintres à l'enterrement d'un sculpteur,

d'un ami : Un peintre montrait l'horizon du bout de la canne : « Mais voyez donc cela ! » On quittait le rang. Un autre peintre disait : « Et l'on va bien loin ! »

Bien avant le mort, l'ami du mort est refroidi.

*
* *

De peintre a sculpteur :

Jundt : Falguière, c'est le plus grand sculpteur du quartier.

*
* *

Si vous refusez, madame, ne le dites pas ; si vous cédez, je me tairai.

*
* *

Je rencontre assez souvent un pauvre acteur, glorieux cependant ; il me dit un jour : « Un rôle où j'avais du plaisir, le rôle de Louis XIII. C'est peut-être parce que c'est un rôle de roi. » Sa bouche, d'un petit dessin, se déformait légèrement. J'y lisais : « — Moi aussi, — comme un autre, — moi-même, — oui, par instant. —

Curieux, hein? — » Il y avait un peu de tristesse, une demande d'indulgence, l'humiliation de se sentir faible et l'orgueil de bravement affronter la honte de l'aveu.

∴

TABLEAU :

Chez M. Leconte de l'Isle. Un cil est dans l'œil de Mme J. G. Émotion générale, contenue, proportionnée. Inquiétude des personnes présentes : M. H. de B., M. L. D., M. R. de B., M. H. H., M. J. D. M. Leconte de l'Isle tient la lampe : « Dans quel œil ? » Demi-silence : « Ne frottez pas ! » M. Leconte de l'Isle déposant la lampe : « Je ne vois rien. »

∴

DANS MA RUE :

Un beau...

Du tartre de ses dents pommadait sa moustache.

∴

DANS MA RUE :

Je viens de voir passer Hérodiade !

*
* *

Le plus souvent les bêtises se disent à pleine voix.

*
* *

Devant un tableau sans art d'un peintre renommé, il me vient aux lèvres quelques-uns des mots que les cochers se disent entre eux.

*
* *

Tassaert, chez un marchand de vin par les soirs d'été restait à une table à la porte. Alors que serait venu pour tout autre client l'obligation de se mettre à l'écart, Tassaert faisait virer sa chaise et sans se lever, paresseusement, il faisait face au mur.

C'est là qu'il s'est décidé.

Ce sont toujours les mêmes gens qui tiennent.

*
* *

Façons d'exprimer :

C'est odieux — c'est honnête — c'est joli, joli.

*
* *

Mes lectures :

« Jean-Baptiste et Abraham Breughel qui, à en juger par les savoureux tableaux de fruits veloutés conservés dans le Pinacothèque de Turin, méritent d'être classés parmi les plus brillants adorateurs de Pomone. » *Charles Blanc.*

*
* *

J'ai rencontré un peintre prix de Rome, décoré, triste. Les bonheurs légitimes ne sont-ils jamais complets ?

*
* *

Façons d'exprimer :

C'est assez bien, pas très bien, mieux que Vibert.

*
* *

Un très petit peintre que je ne nommerai pas est un admirable critique d'art. On oserait presque dire : « Il ne se trompe jamais. » Ah ! ses souffrances !

*
* *

Mon dédain va vers celui qui n'a pas les mérites qui me manquent.

*
* *

Dans ma rue :

Mon voisin Amand Bonjour me dit : « Je suis né le 24 juin 1848 ; nous demeurions rue Charlemagne. En revenant avec la sage-femme, mon père avait rapporté un pot-au-feu. Il y avait deux balles dedans. »

*
* *

Je voudrais lire un texte de loi — une profession de foi — un discours politique — une proclamation à l'armée, dans la langue de MM. de Goncourt.

*
* *

Titre : *La parade des gens sans malice.*

*
* *

Un tableau n'est du maître que s'il est digne de lui. Les profils de femme d'Henner que l'on voit rue Laffitte ne sont pas d'Henner; les petites natures mortes de Vollon que l'on voit rue Laffitte ne sont pas de Vollon.

*
* *

Un jour que j'avais bu un demi-verre de trop...

*
* *

FAÇONS D'EXPRIMER :

C'est d'un peintre... — ce n'est pas d'un peintre.

*
* *

J'ai le goût des notations d'harmonie. J'aime à noter les affinités et les réfractions.

*
* *

Peu de personnes pleurent seules. On pleure en racontant.

*
* *

Un peintre m'aborde en me disant : « Vous qui n'aimez pas ma peinture... » Je ne l'avais jamais dit. Je ne le démens pas.

*
* *

J'avoue. Un marchand m'offrait un tableau rare. « Il est bien — dis-je — mais c'est de la religion. Le sujet ne m'importe pas et je n'attaque pas l'œuvre. C'est bien. Le sujet peut ne pas être agréable à tout autre ; il ne m'est pas désagréable. Il est ce qu'il est — et il est bien. » J'ai eu le tableau à bien meilleur compte.

*
* *

Une certaine critique d'art, — chimiste analysant des parfums.

*
* *

UN PEINTRE :

Le rubis est la quintessence des lanternes rouges.

*
* *

FAÇONS D'EXPRIMER :

Pour la première fois cette veuve avait mis des pois blancs dans sa robe de deuil.

*
* *

« Peintre à ses heures. » Horrible !

*
* *

DANS MA RUE :

Deux enseignes : *Boulangerie du Progrès* — BRASSERIE DE L'ESPÉRANCE. Quartiers pauvres.

*
* *

DANS MA RUE :

Un petit peintre chauve tonsuré par la dèche. Je me rappelle son nom : L... On le rencontre :

— Content ?

— Pas mécontent.

*
* *

Les hommes de mon âge ne sont plus des jeunes gens et ils en montrent de l'ennui. A leur ennui, je reste indifférent.

*
* *

Après avoir été unis, nous vivons séparés ; mais, toutes mes caresses la visent et tous ses coups me frappent.

*
* *

FORMES EXPRESSIVES :
L'haleine surette des filles anémiques.

*
* *

TITRE : *Les frimes.*

*
* *

On voudrait écrire ce titre : PENSÉES PROFONDES. On n'ose pas.

*
* *

Un homme que je connais, un peu inquiet, fait des exercices de mémoire pour se rassurer : « Pépin le Bref avait trois filles : Rosalide — Brunehelt — Fornillia... Pépin le Bref avait trois filles : Rosalide — Fornillia... » Je viens de le voir : « Pépin le Bref avait trois filles... trois filles... » Les vieux experts sont ainsi et les jeunes ne savent rien.

⁂

A voir à distance, le romantisme n'est plus qu'un décor éclatant.

⁂

Je ne sais si Puvis de Chavannes vivra dans le temps et l'espace. Je le crois. Je ne sais s'il prendra place au festin des dieux, mais son couvert est mis.

⁂

Dans ma rue :

Lui, jaloux. — Reste donc à ton comptoir !
Elle, très belle. — Mais je n'ai rien à y faire.

2.

Lui. — Rince les verres.

Elle. — Moi ?

Lui. — Toi !

*
* *

Elle parlait, je ne l'écoutais pas. Je la regardais et je voyais que ses cheveux noirs sans luisants faisaient une tache curieuse sur la robe rose pâle.

*
* *

Pourquoi je ne suis pas peintre ? Le peintre ne voit qu'en soi. Il est bien que parmi ceux qui regardent, plusieurs regardent et voient.

*
* *

« Lazare, lève-toi. » Nos artistes sont des fainéants qui ne répondent pas au premier appel. Élevons la voix [1].

*
* *

Tout créateur a la faculté de sentir. Je ne

1. Que vient donc faire ici Lazare !

crois qu'à la critique des producteurs, ou mieux des gens aptes à créer.

*
* *

Opinion d'artiste : — Carolus Duran, c'est à la chance : Il retourne la dame de cœur ou l'as de pique.

*
* *

J'écris non pour enseigner, pour m'instruire.

*
* *

Propos audacieux :

Une raison pour se hâter : Arriver avant tout le monde c'est arriver le premier.

Autre motif : Peu de personnes dépassent l'âge de cent ans.

*
* *

Entre les gens austères et moi, il y a des airs de tête différents.

*
* *

Au théâtre de Belleville :
On pleurait. Cent mouchoirs étaient mouillés. Ils n'étaient pas tous blancs.

* * *

Titre : DÉGUISEMENTS NOUVEAUX.

* * *

De nos beaux sujets de livre faisons de jolis chapitres...

III

EXPOSITION DES ŒUVRES DE T. RIBOT

(1880)

'ARTISTE au parler rude a réuni cinquante tableaux et trente dessins ; ce sont là les diverses pièces d'une même armure.

Il a une écriture à lui. Je rappelle : les *Cuisiniers plumeurs*, le *Compte du Cuisinier*, la *Jeune fille aux longs cheveux blonds*, le *Prisonnier*, le *Portrait de M. Charly* ; les vieux et les vieilles à la peau épaisse : la *Mère Morieu*, le *Pêcheur de Trouville*, les *Lunettes*, la *Comptabilité*, des tableaux de nature morte : le *Supplice d'Alonzo*

Cano, une toile qui justifie l'opinion d'Eugène Delacroix sur M. Robert Fleury, le peintre des *Scènes de l'Inquisition.* Delacroix disait un jour à Henri de Beaulieu : « Il était né pour être notaire ou avoué, vois à quoi l'on arrive par le travail. » Ribot était né pour être peintre.

J'ai visité cette galerie en compagnie d'un amateur d'art de la race des gens prudents et mesurés. « Un Ribot me met en sueur, » m'avait-il dit. Nous avions examiné longuement en silence : « Ah ! le bougre ! » dit-il.

Dans cette exclamation, le souvenir des vives répugnances, des résistances passées ; le rappel du temps où il disait : « C'est fort, mais je n'aime pas ça. » Et, dans ce mouvement de retour, le sentiment avoué et longtemps combattu d'un homme qui, après avoir lu avec agrément nombre de pages des écrivains futés, est enfin remué par la belle carrure d'une phrase pleine et forte.

Moi, je songeais aux peintres de moins de fierté que d'orgueil dont « l'originalité » est de « chercher Ribot » ; au journaliste qui a écrit [1] :

1. M. Albert Wolf.

« Ce sont des pastiches maladroits de Ribeira »; à ce jugement d'un critique d'art [1] : « Ce n'est ni peint ni dessiné » ; à tous ceux qui ne savent ce qu'ils font et à tous ceux qui ne savent ce qu'ils disent. Et je notais les délicates railleries de jeunes messieurs corrects et de jeunes dames avenantes : « Ça ne fait pas mon bonheur. — Ce qu'elle a un nez! — Mais c'est une famille de charbonniers! — Ils ne se lavent pas tous les jours. — Qu'ils aillent donc se débarbouiller! »

Malgré cela, je ne puis plaindre Ribot. Oui, il a eu lourde tâche! Mais quel paiement! Et je ne parle pas seulement des temps heureux. L'instant des hautes récompenses avait devancé le moment de la justice : la journée faite, l'esquisse avancée, Ribot se reculait d'un pas et jugeait; il regardait de son petit œil gris qui voit, et il sentait que « ça y était. » Quelles délices! Non, ne le plaignons pas; soyons sensibles mieux à propos. Il est convenable d'être touché par le triste état des peintres dont la peinture est aimée des gens du monde : c'est

1. M. Olivier Merson.

tout sucre. Il est bien de ne pas cacher un geste de compassion quand est prononcé le nom de M. Flandrin, le paysagiste. Il serait mal d'être indifférent au sort de M. Henri Lehmann, et il est sage, devant une toile de M. Gérôme, de se montrer plein de commisération.

(Juin 1880.)

IV

1881

TABLE :

UNE JEUNE FEMME. — Vous ne me donnez pas ce que j'aime.

MOI. — Vous ne me le demandez pas.

*
* *

Chaplin est original : Il compare une rose à une femme.

*
* *

DANS MA RUE :

Un homme qui a beaucoup bu : « Et ce que j'ai soif ! »

⁂

Dans ma rue :

Une jeune fille sollicitée par un jeune homme : « Ah ! si l'on n'avait pas l'em... de les faire... »

⁂

L'un souffre de son inappétence, l'autre pâtit de son inopportunisme : l'inobservance règne.

⁂

Des écrivains disent : J'aime l'odeur de sa pommade.

D'autres écrivains disent : Les parfums de sa chevelure m'enivrent.

Voilà les Écoles.

⁂

Toute production vient d'une projection.

⁂

J'aime à surprendre les pédants critiques d'art

dans l'empêtrement sénile d'une volonté confuse.

.˙.

Le mot propre :

— Et comment va votre fils adultérin ?

— Bien. Et la femme qui vous reçoit dans son lit ?

— Très bien.

.˙.

Dans ma rue :

« L'homme à la claque » m'a raconté... Il a été dans un cirque : « J'avais les grandes bottes, une chaîne de montre. »

.˙.

Mes lectures :

« Ainsi que je l'ai redit tout à l'heure... » *Albert Wolf.*

.˙.

Discussion artistique :

Un ami lève la main. Je lui dis : « Réfléchis. » Il m'embrasse. Il avait réfléchi.

*
* *

Exprimer mes doutes ! Je crains de donner un remède contre la rage, à leurs risques, à des gens qui ne seront peut-être pas mordus.

*
* *

En 1868-69, les deux plus maladroits élèves chez Suisse étaient MM. Maignan et Renouf. Il n'y avait qu'un avis.

*
* *

Je crois ceci : Le don de sentir conduit à la faculté d'exprimer toujours.

*
* *

DANS MA RUE :

On recevait un ami. Pour commencer, un hareng grillé. L'ami se fâche : « Ce n'est pas le dîner de tous les jours, vous avez fait des frais. »

*
* *

Douleurs intimes : L'acteur Boutin clopinait

jusqu'à sa place au théâtre de Belleville, un ouvrier : « Laissez passer le bon papa. » Boutin dit : « Je ne suis pas un bon papa. »

Lu dans le *Journal des Débats* : « Un homme avait quarante-neuf ans, cet extrême automne. » *Jules Lemaître.*

Lu dans un journal : « Le malheureux vieillard... » Un homme de cinquante-cinq ans avait eu les jambes écrasées.

Conseil donné par un homme de quarante-cinq ans à un ami : « Prenez garde à votre femme. » L'ami : « Il n'y a pas de danger, l'homme est de votre âge. »

Un homme de quarante-cinq ans disait : « Cette jeune femme vous parlait en me regardant. » L'ami : « Oui, elle me disait : C'est un officier retraité ? »

Deux hommes de quarante ans passaient dans ma rue; un jeune ouvrier s'efface et, très courtois : « Place aux anciens. »

Mon coiffeur vient de me dire : « Vous avez encore votre père, c'est incroyable ! »

*
* *

3.

L'amateur d'art est un personnage intéressant et touchant. Un amateur d'art est connu, presque célèbre ; on cite souvent le nom de cet amateur de Rotterdam, on dit : « Il a le plus beau Boudin. »

Un amateur a cent tableaux de Jongkind ; il n'a pas de tableau d'un autre peintre.

M. Thiers disait fièrement : « Je n'ai que des copies. » .

Un amateur d'art aime les batailles ardemment. Il aime, cet homme paisible et doux : Salvator Rosa, Bourguignon, Vander Meulen, Charles Lebrun, Charlet et Raffet, Horace Vernet, Bellangé, Yvon, Detaille et Neuville : tous les peintres héroïques et ceux qui, au bivouac, font éclater une bombe dans la marmite.

Je m'arrête et je fais un mélancolique aveu : lentement, je suis arrivé à la certitude de ne pas être moins bête qu'un autre ; certitude qui me rend indulgent pour autrui, aveu qui me laisse espérer un peu d'indulgence pour moi-même.

*
* *

Le parfum de la femme est fait de puanteurs qui se corrigent.

*
* *

DANS MA RUE :

Récit de cocher : — J'entends qu'on crie... ça venait de dessous...

*
* *

FORMES EXPRESSIVES :

Le bouillon gras me faisait les yeux doux.

*
* *

FAÇONS D'EXPRIMER :

Suivez bien mon déraisonnement.

*
* *

DANS MA RUE :

Le linge blanc y est irrésistible.

*
* *

MOT DE FEMME :

Les artistes n'ont pas la bouche fraîche au chevalet.

*
* *

A UNE FILLE :

Je n'aime pas les jeux d'argent.

*
* *

Je suis allé il y a déjà un peu de temps chez quelqu'un dans une rue du Marais. Je ne me rappelle que la rampe de l'escalier, une rampe en fer forgé, très belle.

*
* *

Je pense moins souvent au « pouilleux » qu'aux assiettes de la « cuisine des anges ».

LE CARTON A CINQ SOUS

J'aime à feuilleter, à la porte d'un petit marchand d'estampes, le carton à cinq sous : Des tirages de plaques épuisées, — des taches, — pas de marges. Le marchand, qui a vu tant de fois des gens s'arrêter — tout retourner — et puis partir,— regarde le nouveau curieux sans grande espérance. J'ai pris plaisir à faire l'inventaire d'un carton à cinq sous :

Zéphire de Prud'hon, lithographie de Delpech (taches de rouille).

Les portraits :

M. Thiers.

Gambetta.

Victor Hugo.

Mlle Sarah Bernhardt.

M. Pasteur.

M. Chevreul.

Le général Chanzy (colorié).

M. de Lesseps.

M. Jules Grévy.

Un fusain d'Allongé (fac-similé).

Un modèle de pendule.

Le *Printemps*, de Cot.

Chromolithographie, d'après M. Pons.

Académie d'homme (dessin). « Berthier 13 — Gleyre, prof. »

L'Arrivée de la diligence, lithographie de Victor Adam.

Le Calvaire, de Lucas Jacobszone dit Van Leiden (phototypie).

La Sainte Famille, de Lancelot Blondeel (phototypie).

La Vocation de saint Matthieu, de Jean Landers dit Van Hemessen (phototypie).

Portrait d'homme, de Corneille de Vos (phototypie).

Les Blés, eau-forte de Moullion.

RACOUCHOT, représentant du peuple (Assemblée législative). *La Montagne* (1848), lithographié par G. Staal.

JULES MIOT, lithographié par A. Farcy.

Femme du Pollet, de Vollon (photogravure).

Léda, par Auguste Galimard (lithographie).

Le Pont du Gard (sépia).

Un écorché.

Mater Dolorosa, du Guide (lithographie par Sudre.)

Académie d'homme (dessin). « Montagny, figure des médailles, 21 floréal an IX. C. Suvée, prof. »

Le Mont Blanc (dessin à la mine de plomb); le patient travail d'un amateur.

Une halte de Wouvermans (gravure sans marge, nouveau tirage).

Un Cheval blanc à l'abreuvoir, par Veyrassat (eau-forte).

Des estampes du journal *l'Artiste*, — des gravures du *Consulat et l'Empire*.

J'ai pris les phototypies d'après les vieux maîtres, — l'académie de Berthier, — l'académie de Montagny.

Le marchand me salue.

V

LES CONFÉRENCES ARTISTIQUES

AU MUSÉE DU LOUVRE

(3 décembre 1882)

PREMIÈRE CONFÉRENCE

AUJOURD'HUI, 3 décembre, à neuf heures du matin, par un temps de neige, vous êtes venus nombreux, et je vous en remercie.

Quoique souffrant, je n'ai pas voulu manquer au rendez-vous qui m'était donné aujourd'hui. Si ma voix est faible, si vous m'entendez mal, eh tant mieux ! vous vous approcherez, je vous verrai de plus près. Ce qui m'est un bon conseil, c'est que plusieurs d'entre vous sont debout ;

cela m'est un avertissement sérieux : le phraseur aura à se surveiller, il se surveillera. Mais que ces feuillets nombreux ne vous effraient point; j'ai jeté là quelques notes rapides, je ne les épuiserai pas aujourd'hui.

Plusieurs d'entre vous sont des jeunes gens, de tout jeunes gens, tant mieux; vraiment c'est ma vocation de faire la classe des petits (pardon). Je suis mal portant, mais je ne sentirai ma fatigue que si vous me montrez votre lassitude. Je vous regarde, il m'est utile de vous regarder avant de parler; il faut que je sache bien à qui je m'adresse, il est sincère de dire que je suis ici bien plus pour étudier que pour enseigner.

Vous avez appris, plusieurs d'entre vous ont appris, que l'art hollandais est devenu plus profondément distinct de l'art flamand et de l'art allemand au commencement du XVIIe siècle. Vous savez aussi que les petits peintres originaux de la Hollande sont presque tous nés de 1605 à 1620 et qu'ils étaient ainsi en pleine production au commencement du règne de Louis XIV.

De 1605 à 1620 naissent Adrien Van Ostade,

Gabriel Metzu, Gérard Terburg, Pierre de Hooch, Vander Meer de Delft. Je cite mes grands favoris.

Et au début, pour que vous puissiez m'entendre, il faut que vous me connaissiez bien. Si je parle à cette place, croyez que j'ai quelque chose à dire, quelque chose qui ne serait pas dit si je ne parlais pas. Je vous dirai mon goût particulier, je ferai connaître mes préférences, mais je ne dirai pas que cela. J'ai l'honneur d'être l'ami de quelques-uns de nos plus grands artistes français; comme ce mot français me plaît et comme malgré moi si je le prononce, je donne à ma voix toute sa sonorité, toute la sonorité possible.

Et ces artistes, les premiers, savent qu'ils peuvent se livrer à moi sans crainte de trahison. Il est fâcheux de n'avoir pas grand mérite, il est heureux, vous le voyez, d'être... d'être un brave homme. Ces artistes savent que si j'apporte jusqu'à vous la quintessence de leur savoir, de leurs études, de leurs réflexions, je ne les nommerai pas mal à propos. Ces jugements précieux vous donneront à réfléchir, seront pour vous un sérieux enseignement, ils ne vous seraient pas connus si je me taisais. Un peintre, un sculpteur, un producteur, n'est pas tout à fait libre ; s'il s'exprime librement en public, on penserait mal de lui, on pourrait chercher en dehors de l'art les raisons d'une opinion sévère, sincère.

Vous voyez bien qu'il est utile que je parle. Tout à l'heure je vous ai dit qu'il était bien que je me fisse connaître de vous : mon côté individuel, c'est la sensibilité. Oui, je suis sensible — ne souriez pas — impressionnable, non pas aisément cependant, et ma visée, que je confesse, est de vous amener à cet état particulier, douloureux parfois, parfois aussi plein de charme. Seulement, Messieurs, il faut conquérir la faculté d'être ému, j'entends d'être ému à propos. Arrivez à une sensibilité qui ne s'éveille que chez les gens délicats, à la distinction, cette chose rare dans les œuvres d'art et chez les gens ; il y a bien une assez commune forme de la distinction chez ceux-ci, mais ce n'est que de l'impertinence soutenue. Ne confondez pas. Vos professeurs vous feront passer intelligemment de l'étude du cadre à l'étude de la bosse, et de l'étude de la bosse à l'étude de la nature. Je connais ce chemin, je l'ai parcouru. Assez rapidement, vous arriverez à mettre une figure d'ensemble, mais le reste... le reste!... il peut dépendre de vous de l'acquérir peut-être. Soyez sensible, je vous l'ai dit; je ne veux pas tenter prématurément de faire de vous des savants. Oh ! non, je veux, je veux... tant pis, je me risque, je veux faire de vous des amoureux.

Une croyance me guide dans mon choix, je l'ai dit : *le style est l'état innocent de l'esprit.*

Les artistes qui me frappent le plus vivement, qui me retiennent le plus fortement sont dans cet état innocent de l'esprit. Pour moi, c'est la qualité maîtresse, c'est le don rare; qui le possède, m'enchante! Quand j'entre dans notre Louvre, je vais tout droit à Adrien Van Ostade; si je suis dans le salon carré, je vais à l'*école* d'Ostade; si j'entre par cette galerie, à la *famille* d'Ostade qui est là tout près. N'allez pas partir sans la voir encore. Un peintre me disait : « Téniers est charmant, c'est un joli chiqueur. Ostade est plus grand que Téniers. »

Un chiqueur, vous le savez, dans le langage du peintre, c'est l'artiste qui peint de pratique, de mémoire.

Il est un autre petit peintre hollandais que j'aime, — oui, que j'aime, — c'est Adrien Brauwer. Je sais bien, on le raconte, qu'il se plaisait au cabaret! C'était par amour de l'art! N'avait-il point à montrer ces belles querelles de galants et d'ivrognes? Eh oui, le peintre trinquait avec ses modèles. Ah oui, je sais cela, Bourguignons, Bordelais, Parisiens, Normands, et vous, mes amis du « Jura », allons-nous nous montrer sévères pour lui. Oui, c'est par passion artistique qu'il recherchait les joyeuses enseignes aux belles promesses. S'il avait eu le goût de peindre des moines, vraiment, je le crois, il eût pris le cilice. Ah! cet Adrien Brauwer, il faut avoir le cœur solide pour l'aimer toujours. Il y a, chez un grand amateur d'Amsterdam, un tableau qui représente des gens à table; l'un d'eux, — c'est très difficile à dire, — l'un d'eux pèse sur une narine, gonfle l'autre, et c'est délicieux!..... Un artiste français s'est écrié devant moi : « Quand on peint une narine comme ça ! » Une narine, rien que cela ? — Oui, rien que cela. » Le même artiste me disait : « Celui qui copierait toute une année l'Antonello de Messine, du salon carré, celui-là ne perdrait pas son temps, il saurait enchâsser un œil. » Quoi, rien que cela ? direz-vous. — Oui, rien que cela. — Ne partez pas sans revoir cet Antonello de Messine, dans le salon carré, près de l'Holbein. Ce n'est pas un tableau hollandais et je n'ai pas à vous en parler, je vous en parle. Écoutez ce jugement d'artiste : « Franz Hals peint un peu dans l'huile, mais c'est fort. Je n'aime pas Wouvermans, c'est rond. Paul Poter est fort, mais je ne ferai pas un pas de plus pour revoir le *Taureau* qui est à La Haye. Il y a cependant des pâtes étonnantes... » Qui a dit cela ? Ribot. Et Vollon m'a dit, lui : « Quand je vois un Ribot, je rentre à l'atelier et je pioche. » C'est bien cela, Vollon !

Je vous l'ai dit, j'y reviens, j'aime les œuvres naïves, innocentes, les beaux gestes courts, directs, qui font que la main va simplement vers l'objet qu'elle a à prendre ; tenez, ainsi, c'est le geste des gens qui ne se savent pas regardés, qui n'ont pas à prendre une attitude, à tenir la pose ; c'est le geste des gens saisis dans leur état innocent d'esprit. J'y reviens, c'est cette théorie même que j'exposais chez cet artiste qui fouille puissamment dans les matières dures, M. Leconte de Lisle et en présence de M. Jules Breton, le peintre des belles filles aux gestes arrondis. En parlant, je m'observe et je vous examine. Le pauvre modèle pour un peintre qu'un conférencier ! Je le sens, j'ai une certaine gêne dans les mouvements, cette gêne de celui qui se sent regardé. Je fais celui qui est à l'aise, je ne le suis pas. Je joue la tranquillité, quel apprêt dans cette bonhomie feinte ! J'ai des airs de tête étudiés. J'avoue. Quel fâcheux modèle pour un peintre...

Vous qui m'écoutez, que vous seriez pour un peintre des modèles de choix ! Quelle liberté dans les gestes, et quelle variété ! Quel beau modèle, le vrai modèle, le modèle qui bouge... Quelques-uns d'entre vous écoutent, écoutent bravement. Quelques autres ont la mine résignée, qu'ils ne s'en défendent pas. Un peu plus, et je céderais au désir de prendre un crayon, de dessiner et de me taire; je ferais bien, peut-être...

Le paiement de mes efforts, je l'ai trouvé dans cette parole d'un sculpteur qui m'écoute, qui me fait l'honneur de m'écouter. Il a dit de moi : « Ce qui me plaît en Jean Dolent, il n'a pas seulement l'air d'aimer, il aime. » Il disait vrai. Aimer, c'est la forme supérieure du savoir. Je ne parle pas seulement des gens qui ont cette profession d'être savant; non, il n'est pas qu'une façon d'avoir quelque science : ils savent mieux que moi ce que coûte un tableau; je sais un peu mieux qu'eux ce qu'il vaut.

Le plus lourdaud assourdit le bruit de son pas en parcourant les merveilleuses salles de ce fastueux chez nous, le Louvre.

En ces questions artistiques, souvent un différend s'élève, mais on ne va pas jusqu'au démenti. Un peintre me disait : « Les Hollandais ont tout pris aux Italiens; Rembrandt et le Corrège, c'est la même chose. » L'artiste qui parlait ainsi est prix de Rome; il a fait trois fois le voyage de Hollande. Et tenez, je le nomme, c'est le peintre Maillart. Vous l'entendrez quelque jour et il mérite d'être entendu, je le reconnais, je le reconnais un peu malgré moi et pour l'amour de la justice.

Avoir un goût raffiné donne de la tristesse. Entendre ceci : « Qu'il y a donc de personnages ! Ah ! c'est sur bois, comme c'est fin. » Et c'est tout. Et penser que celui qui parle ainsi est un monsieur instruit, un avocat, un médecin. Vous appelez son attention sur un portrait de Michel Mirevelt, par exemple, et il s'écrie : « Qu'il est laid ! » Je parle de souvenir. Je me rappelle avoir montré cette femme de Vandermeer de Delft, qui est là tout près, et il m'a été dit : « C'est bien dans ce que c'est. »

En raison de circonstances cruelles, il serait bon, peut-être, de déverser un peu de gloire sur ces malheureux amateurs d'art si souvent éprouvés. Non que je me plaigne de ma part de célébrité ; je ne suis pas tout à fait inconnu, je ne passe pas inaperçu. Ainsi, pour ma petite voisine, haute comme ça, je suis « ce monsieur qui a un grand jardin où il veut bien qu'on marche. » N'est-ce rien !

Le jour où ces personnes insensibles aux

choses d'art reçoivent les gens, on cause, on regarde les photographies. C'est effrayant !

Tout à l'heure je vous parlais des mauvais instants des amateurs d'art, qu'ils ont d'heureux moments aussi. J'avais été montrer un dessin ancien à M. Edmond de Goncourt, un dessin historique représentant une fête donnée à l'occasion de la naissance d'un enfant royal. Aussitôt, M. de Goncourt prit une brochure dans la bibliothèque et me lut la description complète, détaillée, de mon dessin. Si vous aviez vu dans ma mine, qui voulait être modeste, je ne sais quoi qui pourrait bien être de la fierté. Je fus toujours glorieux.

Et, peu de jours après, je recevais une lettre de M. Charles Ephrussi qui me demandait s'il serait indiscret à lui et à M. le marquis de Chennevières de venir voir chez moi ce curieux dessin.

Indiscret...

Je répondis : « Je vous attends. »

Ces messieurs arrivent en hâte, en hâte, — vous m'entendez bien, — et je demeure loin ; qui songe à cela ! Et tous les trois nous traduisons la légende. M. de Chennevières prend des notes.

M. de Chennevières et M. Charles Ephrussi me demandent de leur prêter ce dessin pour une Exposition. Je dis oui, et ils partent charmés...

Parmi les gens qui aiment les bons tableaux, il en est qui ont la douce manie de chercher à gâter leur plaisir. Ils veulent savoir comment l'artiste obtient tel effet, s'il y a des bottes secrètes. Je suis en situation de renseigner ces hommes curieux. Ainsi, j'ai su d'un modèle que François Millet à ses couleurs mêlait du gutta-percha. Je parle sérieusement — toujours! — je donne généreusement ce renseignement précieux. Je sais aussi, et le sais d'un élève du maître, qu'Eugène Delacroix, avec de grandes martes, étalait ses pâtes molles et qu'il revenait avec de petites martes dures, une sorte de ciselure. Et voilà le grand secret dévoilé! Quant à Roybet, les tableaux qu'il vient de terminer sont émaillés comme des tableaux anciens. Je sais aussi pourquoi. Henner disait, il y a peu de jours, à l'un de mes amis : « Venez donc me voir un matin, je vous montrerai comment je fais ça. » La vérité est, Messieurs, que le mystère n'est pas là, le grand mystère!...

Nous, les amateurs d'art, ne sommes pas plus que des spectateurs du premier rang, pas moins.

Les vrais connaisseurs sont rares, il est vrai, les vrais artistes aussi ! Il est des artistes qui disent la vérité sur leurs confrères et sur eux-mêmes.

Interrogé devant moi sur une « Marine » qu'il avait à l'Exposition universelle, M. Jules Breton a répondu : « J'en ai refusé de pareilles comme membre du jury. »

Il y a aussi des peintres dont la vocation a été contrariée, je veux dire que leur vocation était sans doute d'être dans les affaires. Il y a aussi des peintres qui supportent l'éloge d'un confrère ; on peut louer devant eux l'avant-dernier tableau...

D'un grand paysagiste ils disent : « Il sait son arbre. »

Cédant à un mouvement généreux compatissant, ils vont jusqu'à dire spontanément d'un peintre : « Il a eu du talent. »

Le peintre n'aime pas les amateurs d'art, il sait que nous connaissons la source d'un emprunt déguisé; l'étude des maîtres, les lectures, les voyages nous ont mis en garde contre les apparences. L'amateur d'art assiste souvent à l'inutile effort d'un sot et il n'a pas de dédain. Je comprends cette animosité sourde ; moi-même, je supporte impatiemment la critique. Un journaliste écrit que dans une page de moi il y a deux fautes de langue... le vilain homme !... « deux fautes. » J'ai relu, il y en avait quatre.

Ces peintres ne sont pas des hommes méchants; ils ne sont pas bons non plus, ils sont artistes. Un exemple : D'une civière pendait une main de jeune femme, une main amaigrie. La main dans la main de la malade, une petite fille marchait, courait presque pour suivre les porteurs. Un peintre, qui racontait cela, dit : « C'était très bien. » Il songeait au tableau à faire.

Le sérieux savoir ne sauve pas d'une parole amère. Un peintre a jugé devant moi ainsi un peintre instruit : « Il sait beaucoup de noms de peintres. »

Il faut entendre Henri de Beaulieu dire devant un tableau d'une coloration aigre : « Ça claque ! » Il fallait entendre Delacroix dire des tableaux noyés dans le jus : « C'est jaunet ! »

Il faut faire un public pour nos expositions. Et il n'y a pas que les morts, il y a les vivants. Un peintre, depuis longtemps déjà dans le mouvement, m'a dit : « On cherche des choses dont nous ne nous occupions pas. » Oui, il y a des vivants parmi nos peintres ; les autres, les retardataires, sont des ombres. Indifféremment, je les regarde glisser !...

Français, amateur d'art, j'ai mon orgueil. Je ne crains pas la lutte, mais je n'accepte pas la coalition des peintres de tous les temps et de tous les pays contre les artistes de mon pays. Et cependant notre Clouet, le peintre de la jeunesse, vaut peut-être bien Holbein, le peintre des rides. Les Hollandais ont Jacques Ruisdaël et le doux Salomon Ruisdaël ; ils ont Hobbema, Wynantz, ce Wynantz, si simple et si vrai, qui me prend singulièrement ; mais n'avons-nous point Rousseau, Courbet, Corot ? ce Corot qui ne doit rien à personne, entendez-vous cela, à personne. Ce Corot, je l'adore ! N'avons-nous pas Daumier ? Oui, Daumier, Daumier, pourquoi pas ! Un peintre m'a dit : « Daumier est plus fort que Millet. » Qui a dit cela ? Ribot.

J'arrive de Hollande. J'ai vu les musées et les collections particulières de Rotterdam, de La Haye, d'Amsterdam, de Harlem. Et ce qui me charmait, c'était de coudoyer dans les rues les modèles des petits peintres hollandais, les bons compagnons et les joyeuses commères de Jean Steen, les petites bourgeoises de Pierre de Hooch, les personnes de qualité de Terburg, de Gaspard Netscher. Je quittais Anvers que j'avais laissé en pleine kermesse. Ah ! le beau sang et les belles chairs n'ont point pâli depuis Rubens. A ce point que mon compagnon, peu renseigné sur les coutumes locales, croyait à une foire aux nourrices... A ceux d'entre vous qui n'ont pas voyagé, il faut dire : « Il n'y a pas en Hollande un Adrien Van Ostade supérieur à l'*école*, pas un Terburg, pas un Metzu au-dessus des nôtres. » En regardant les David de Heem, je songeais à notre Chardin et je n'étais pas attristé.

Cet amour de l'art français est bien puissant. Le peintre Louis Mettling a rapporté de son voyage aux Pays-Bas, qui le devinerait ? une copie de l'esquisse du plafond de la galerie d'Apollon, une copie d'Eugène Delacroix, le maître français !

A Rotterdam, mon compagnon, lassé par cet avide amateur d'art, cet insatiable curieux, moi-même, se sentit souffrant. Un pharmacien affirma la haute valeur d'un breuvage qu'il venait de préparer ; j'en demandai la composition et le pharmacien refusa en disant : « On voit bien que vous êtes Français. » J'espère que cela se voit, et si médiocre que je puisse être, pour ma tristesse et votre ennui, j'espère avoir quelques-uns des signes de ma race, le plus accusé, l'amour de mon pays ! Aussi, je le dirai avec une joie profonde, pendant ce beau voyage en Hollande, où j'ai eu tant à admirer, je n'ai pas vu d'artistes plus originaux, parmi les petits peintres hollandais, que les peintres français ! François Clouet, Chardin, Corot.

Et tous les trois justifient cette opinion à laquelle je veux vous amener par degrés : *le style est l'état innocent de l'esprit.*

Je cède à la faiblesse commune à tous les

écrivains, j'emprunte au *Petit manuel d'art* ce portrait d'après nature d'un amateur d'art :

« J'ai vu longtemps au Louvre un vieux monsieur qui copiait la *Joconde*. Sa copie était assez exacte, timide, médiocre, il s'appliquait. La besogne n'avançait pas, il retouchait, retouchait ; les yeux l'arrêtaient, les rendre dépassait son petit pouvoir. Il ne se décourageait pas. Avec quel ravissement, chaque matin, il se mettait à l'œuvre ! Il était un peu triste au départ. Qu'il la trouvait belle, cette *Joconde* adorable ! Il l'aurait certainement volée, le brave homme ; mais voler n'est pas honnête, et puis le gardien veille. Les jeunes demoiselles qui font au Louvre des copies de l'*Achille* disaient : « C'est l'amoureux de Joconde. » Amoureux, il l'était. Une grande fille brune dit un jour, un peu trop haut : « Le vieux serin. » Il entendit : « Oh ! mademoiselle ! » Il n'avait pas d'illusion sur le mérite de sa peinture ; c'était de la peinture honnête et plate. Il espérait se perfectionner. Ah ! s'il pouvait entrer dans le secret de l'œuvre admirable ! Jamais main aussi mal habile ne trahit un cœur plus ardent.

Propret, convenable, pauvre sans doute : il n'employait que des couleurs communes, remplaçait le bleu lapis-lazuli par un mélange d'outremer et de blanc, se passait du jaune italien et se servait du jaune de chrome foncé ; au lieu de garance rose (trois francs le tube) il avait la laque ordinaire.

« Un jour qu'il regardait Ricard copier d'une main superbe l'*Antiope* du Corrège, le vieux monsieur eut un mouvement de haine : « Canaille ! »

« Oui, amoureux de la *Joconde*, et, de fait, en peignant, sa main tremblait, un peu par l'âge, un peu d'émotion. Ne riez pas. Devant son chevalet, il ne travaillait pas toujours ; le plus souvent contemplant la merveilleuse femme, et les heures se passaient pour lui douces et charmantes. Il resta une fois plus de trois mois sans paraître au Louvre. Il revint, mais affaibli, cassé, éteint, et ainsi se remit au travail et chaque jour il reprit des forces et de la mine. Il était heureux. Puis un jour il ne parut pas, ni le lendemain, ni de tout le mois, ni jamais, depuis lors ; les jeunes demoiselles du Louvre dirent du vieux monsieur : « Il est infidèle. »

« Mort, peut-être, non infidèle. »

Le conférencier s'est arrêté un moment devant chacun des tableaux les plus caractéristiques de l'école hollandaise : Adrien Van Ostade, Vandermeer de Delft, Gérard Terburg, Metzu, etc., et s'adressant aux jeunes gens des écoles :

Ma maison est ouverte, mes amis le savent, à tous. Mon petit cabinet d'amateur d'art est à la disposition des écoliers : ils peuvent copier, consulter, interroger sans jamais me lasser. J'ai trouvé des maisons ouvertes et je me souviens [1].

1. Au nombre des assistants : M. Louis de Ronchaud, directeur des Musées Nationaux, M. Henri Prevost, maire (arrondissement du Louvre), des artistes, des amateurs d'art, des jeunes gens des écoles.

Dix conférences ont été faites au Musée du Louvre dans cet ordre :

M. Jean Dolent : LES PETITS PEINTRES HOLLANDAIS (3 décembre 1882);

M. Marc Gaïda : LA PEINTURE DÉCORATIVE (10 décembre);

M. D. Maillart : INGRES ET SON TEMPS (17 décembre) ;

M. D. Maillart : VAN DYCK ET LE PORTRAIT (24 décembre) ;

M. Amédée Besnus : LE PAYSAGE (14 janvier 1883);

M. Antony Valabrègue : L'HISTOIRE DE FRANCE AU MUSÉE DU LOUVRE (21 janvier);

M. D. Maillart : LES PORTRAITISTES FRANÇAIS (4 février);

M. Marc Gaïda : LA COULEUR (11 février);

M. D. Maillart : LES PORTRAITISTES FRANÇAIS (18 février);

M. Doublemard : LA SCULPTURE (4 mars).

VI

1882

ES forts : ceux-là qui sont ivres sans avoir bu.

.˙.

Pour la première fois, je viens d'entendre le petit rire sec d'un aveugle.

.˙.

Nos livres sont gâtés — gâtés, qui sait ! — par des choses accessoires. Nous y mettons des mots incompréhensibles pour tous — une exceptée.

* * *

DANS MA RUE :

— Petite, bientôt on parlera au propre de l'amertume de ton baiser.

— Est-ce que déjà ?...

— Tu sens le muguet et la verveine... La peau de ton front se décolorera et se décollera.

— Mon front ?...

— Blanc et uni encore Le cou va bouger... et le moment pour toi va venir de se pommader avec du cirage... Défends-toi.

* * *

Filles maigres, courses plates.

* * *

COMÉDIE :

Un malade souffre beaucoup. Il demande un revolver à l'héritier. — L'héritier ne peut pas céder trop vite. — Il cède enfin. — Le malade croit voir un sourire aux lèvres de l'héritier. — Il le tue. — Il passe une bonne nuit.

*
* *

MÉLODRAME :

Le mari secoue la porte. — L'amant dit à sa maîtresse : Saute dans la rivière, je te suis. — La porte cède — la femme saute. — Le mari, le pistolet à la main, dit à l'amant : Reste là !

(*Musique.*)

*
* *

CONSOLATIONS D'UN IGNORANT :

Un lauréat au grand concours durant toute sa vie passe à nouveau des examens. Il a lu les philosophes, il a des éléments de droit, de physique, de chimie, il a touché aux mathématiques...

*
* *

La mythologie abonde en heureux motifs de salle à manger. Au meilleur jour : *Le festin des dieux*. Ganymède, Hébé sont ici à leur place. *Actéon changé en cerf* occupe une encoignure très convenablement. Pour approprier au cadre le *Jugement de Pâris*, il suffit de peindre un Pâris chasseur et de faire saillir du carnier bêtes à poil et bêtes à plume. *Diane au bain.* Mais qu'une nymphe saisisse par les ouies un poisson d'un joli ton argentin.

∴

Fantin-Latour dit : Les Salons sont détestables.

∴

Un peintre : Decamps a eu une grande influence sur Diaz, Théodore Rousseau, des truqueurs.

∴

Un peintre :

Les marronniers de Rousseau ne sont pas en valeur ; ce n'est pas bien.

∴

Un autre peintre :

Decamps est égratigné.

∴

On peut croire répéter des mots non entendus et qui sont vrais.

⁂

Mot de femme :

Le nouvel homme qui nous a, c'est le premier homme que l'on a.

⁂

Dans ma rue :

Il s'était montré fastueux : — Garçon, une bouteille bouchée... Elle dit : — C'est ma tournée et tendit les lèvres.

⁂

A l'exposition des *décorations de l'Opéra* de Baudry :

Une famille : — Comme c'est beau ! Avec quoi peut-on faire de si jolies couleurs ?

Préault : — Avec de la graisse d'oie [1].

1. Comme c'est loin un « mot » de Préault !

*
* *

Les Impressionnistes.

C'est dans l'air, la rivière clapote, c'est du soleil, les gens grouillent ; c'est bien ça, ce n'est que ça.

De petits marcheurs.

*
* *

Je viens d'assister à l'enterrement d'un membre du Caveau.

*
* *

Les pessimistes étudient l'humanité dans leur petit miroir.

*
* *

Dans ma rue :

— Tu mettras de l'eau dans ton vin.

— Non.

— Le marchand en met et tu bois.

— Je ne le sais pas absolument.

*
* *

DANS MA RUE, UN LENDEMAIN DE NOCES :

Elle raconte : Tout était éteint et je voyais partout des lumières.

.˙.

FEMMES RICHES (un tableau de de Nittis) :

Ça pique... ça pince... ça brûle... c'est amusant d'avoir froid !...

.˙.

J'ai dit à un peintre : — Pourquoi ne touchez-vous pas à la femme nue ?

— Ça ne se vendrait pas.

.˙.

UNE FEMME INTERROGÉE : — L'Église, les Théâtres, les Magasins.

.˙.

Un amateur d'art en visite me dit : — Connaissez-vous la collection de Jean Gigoux, ses dix-huit Franz Hals, ses desseins d'Holbein ? Ça n'est pas agréable à entendre.

*
* *

Elle avait menti, mais, au faible pitoyable, j'essuyai de mes lèvres ses lèvres, longuement.

*
* *

Un peintre :

Verres et bouteilles sur une nappe blanche, on n'a jamais fait ça.

*
* *

M. Hector Malot au peintre Attendu : -- Un Ribot, je n'en voudrais pas pour rien.

*
* *

Fantin-Latour préfère le haut-relief d'Etex à l'Arc de Triomphe de l'Étoile, au Départ de Rude.

*
* *

Un artiste me dit que « les sanguines de Puvis de Chavannes, cela vaut les lithographies de Julien. »

*
* *

Je montrais à une jeune femme peintre une composition superbement luxurieuse du XVIIIe siècle. Je m'attendais à des cris, à des protestations pudiques. Elle regarde, regarde de tout près, et dit : — Aquarelle... avec quelques touches de gouache.

*
* *

Bracquemond : — La *Méduse* est un mauvais tableau.

*
* *

Bracquemond : Ah ! Fragonard !

*
* *

Un amateur de peinture, grand joueur de billard, me dit : — Bonnat, il joue de l'épaule.

*
* *

M. Pelouze est le seul paysagiste qui plaise à M. Bouguereau.

⁂

Les poètes amoureux éjaculent le miel.

⁂

J'ai trouvé de jolies définitions de l'amour dans un roman de Marat.

⁂

Delacroix demandait à l'État 3,000 francs de la *Barque de Dante*, avec faculté de réduction si le prix semblait trop lourd.

⁂

La grâce : Boiter légèrement quelquefois peut-être.

⁂

M. Cabanel devant un Ribot : — C'est tout de même de la peinture.

⁂

J'ai fait une promenade sous bois avec une amie bien jolie. Pour la griser, j'avais la complicité des violettes.

* * *

Angèle R... a les seins mous quand elle pose chez un mauvais peintre.

* * *

Yongkind, en réponse à l'objection d'un bourgeois riche : — Ça doit être comme ça.

* * *

Un riche personnage avait acheté 30,000 fr. un tableau hollandais « de l'époque de Louis XIV. » Le panneau avait une fissure. Le réparateur, un menuisier, dit : — Ce panneau vient d'un arbre qui avait fleurs et feuilles il y a moins de trois ans.

* * *

Ribot : — On me dit : « Ah ! vos petits cuisi- « niers ! » Si je voulais refaire les petits cuisiniers du temps de ma jeunesse, ce serait affreux. J'y vois mal et j'ai la main qui tremble.

*
* *

J'ai vu d'anciens Puvis de Chavannes qui venaient de Delacroix ; ils étaient hachés et colorés.

*
* *

Mme C... à Henner : — Je voudrais bien aussi admirer Raphaël.

Henner. — Je ne vois pas la nécessité que vous admiriez Raphaël.

*
* *

Le dédain ne peut m'atteindre qu'avec l'appui du consentement de mon esprit.

*
* *

Puvis de Chavannes passe sans effort du Sacré Vallon à la Vallée d'Auge.

*
* *

M. Bouguereau devant la *Joconde* : — Je suis bien revenu de ça.

Bida dessinait un fragment des *Noces de Cana*. M. Bouguereau dit : — Vous aimez encore ça, vous !

.˙.

Le Panthéon est trop grand.

.˙.

Une vraie femme ne pèse pas au bras.

.˙.

HYPOTHÈSES :

M. Zola de M. Alphonse Daudet : — Il fignole — du mêlé — c'est bien arrangé. M. Alphonse Daudet de M. Zola : — Il parle à des sourds — il redit M...

.˙.

Delacroix a été vivement impressionné par les auteurs anglais. Ses poètes : Gœthe, Schiller, Shakespeare — pas Hugo.

*
* *

La laideur n'est pas rassurante. Quand il y a une belle femme spirituelle par chance heureuse, il y a par malheur une femme laide — laide et sotte.

*
* *

Tableau :

La Comédienne : — « N... de D... ! Vieille !... » C'est le matin.

*
* *

Dans un groupe d'artistes dégagés, s'il est dit : « Les portraits de Cabanel se tiennent bien », cela donne un air indépendant.

*
* *

Rapin devant une étude de Théodore Rousseau : — Ah ! il ne fait pas le malin.

*
* *

En parlant au figuré, on se montre plus franchement qu'en parlant au propre. Dans une comparaison empruntée à la musique, si je choisis le clairon, ce n'est pas par hasard.

*
* *

Je parle encore d'Elle. J'en parle encore, je n'y pense plus.

*
* *

On est fier de son ventre. A un ami j'avais dit : « Pierre est aussi gros que toi. » Vexé, il a répondu : « Non. »

*
* *

J'avais vingt ans. Elle n'avait pas d'argent pour passer la rivière et je l'attendais sur l'autre rive. Je n'étais pas jaloux du batelier.

VII

LE PORTRAIT

SALON DE 1883

On m'a dit : choisissez.

J'ai choisi le portrait. Mes confrères se disent : L'esthétique, chose maussade ; mais trouver en chemin le portrait d'un écrivain, cela mène aux délicates subtilités littéraires. Un portrait de conférencier prête à une dissertation savante ; à ce grand parleur on demande le secret de se faire écouter ; ce secret, on le lui dit peut-être. En passant on trouve un portrait d'agronome ; la technique est à notre portée, — une chanteuse : quel motif à *tra-la-la !* Un portrait d'astronome fournit une heureuse occasion d'analogies piquantes ; la comète... les étoiles... Il ne faudrait pas connaître son métier; on le connaît. Un portrait de diplomate met en lumière des connaissances spéciales ; ce que l'on dit à ce sujet, on ne le sait que depuis tout à l'heure, tant mieux, cela est ainsi tout présent à l'esprit. Ce qui est goûté, c'est une ingénieuse dissertation devant un portrait de médecin : Entre les pilules et les globules, il faut opter; on opte. Si l'on découvre un portrait de général, le succès est assuré. Où sont les portraits d'actrices ?...

J'ai choisi le portrait. M. Bonnat a deux portraits au Salon. M. Bonnat a quelques-unes des qualités qui sont à profusion chez les grands maîtres [1]. On dit ce n'est pas varié. De M. Henner, on le dit aussi. Un portrait de M. Bonnat, c'est souvent la même chose. Un tableau de M. Henner, c'est toujours la même chose, une belle chose.

M. J.-E. Delaunay a deux portraits. Un portrait de M. Delaunay, c'est su et vu.

1. « Quelques-unes... » Je ne pourrais plus dire lesquelles.

Du portrait de femme de M. Carolus Duran, une femme sur le fond rouge, on dit : c'est une symphonie; portrait de femme de M. Puvis de Chavannes, on dit : c'est un poème. Un jugement de peintre, de notable peintre, de membre du jury de peinture, sur M. Puvis de Chavannes : « C'est superbe. Si c'était bien dessiné, cela ne vaudrait plus rien. »

Un poème, une symphonie, cela ne me regarde point; un très beau portrait, à la bonne heure!

A propos du portrait de femme sur fond rouge de M. Carolus Duran, un souvenir. Corot était un jour chez un peintre de ses amis. Sur un perchoir il y avait une perruche; derrière l'oiseau étaient accrochées des coquilles brillantes. « Ah ! dit Corot, regardez, le fond fait silence; on ne voit que la perruche. Comme la nature compose bien. »

Ce n'est pas chez M. Carolus Duran que ce jour-là Corot fumait sa pipe, sa bonne grosse pipe. Tant pis.

L'*Alcool !* de M. Henri de Beaulieu, est un portrait, le portrait de Jean Gouju. Je l'ai connu, mais sur le tard, je l'ai connu ce Jean

Gouju, à l'amphithéâtre de Clamart... Un de mes confrères a écrit : « C'est une horreur ! » Le modèle était plus affreux encore. Le peintre a caché les déjections, masqué les ordures, c'est fade !...

Artiste idéaliste, ô poète !... Le peintre a ramassé un excrément et il nous donne une fleur. Dans le grand partage, Henri de Beaulieu a pris pour lui trente-six défauts, mais il a laissé la sottise à quelques autres.

Avec raison Delacroix disait : « Quoi qu'on fasse, on ne connaît jamais assez un maître pour en parler absolument et définitivement. »

Si c'est un amateur d'art qui parle, il s'expose aux vives critiques des artistes, à leurs railleries, à leur dédain, ô douleur !... Si c'est un peintre qui prend la parole, les risques ne sont pas moindres. Alors un de ses confrères dit, ne manque pas de dire : « Il a bien tort d'écrire ! »

Ce peintre ne quittant pas la palette, les mêmes confrères diraient : « Qu'il a donc tort de peindre !... »

Et voyez combien j'ai le sentiment de justice ! Les peintres sont bons juges souvent. Ribot m'a dit : « Dans un tableau de Jongkind, la partie du bateau qui est dans l'eau y est ; elle pèse son poids. »

Et c'est bien dit.

Paul Dubois a deux portraits au Salon. M. Paul Dubois néglige, pour l'art où il réussit, l'art où il excelle. « Il abuse des laques », dit un de mes doctes confrères.

Les *portrait d'enfants*, de M. John Sargent, une œuvre d'art. Le professeur de M. Sargent, M. Carolus Duran ; son maître, Vélasquez.

M. Emile Lévy peint les innocents avec convenance. Estelle et Némorin ont du bon, mais que Daphnis et Chloé ont de charme ! Moi, je tiens pour Longus contre Florian.

Mlle Louise Abbéma nous montre un Auguste Vitu un peu « petiot ». Un blâme à l'adresse d'une femme est chose grave. On peut désirer approcher des lèvres, il faut redouter de se tenir à la portée de la langue.

Les portraits de M. Alexandre Cabanel sont d'une bonne tenue artistique. Je n'aime pas cet art-là, n'étant point éclectique ; l'éclectisme est l'excuse philosophique des sceptiques. L'œuvre des hommes de l'École des Beaux-Arts donne la sensation que produit une statue taillée, sous un ciel gris, dans un bloc de glace, avec cette circonstance aggravante que cette glace ne fond point au premier rayon du soleil levant.

Les artistes passionnés inquiètent ces peintres mêmes; à l'exposition récente des œuvres d'Henry Lehmann, on voyait des esquisses tumultueuses avec des ciels nuageux rayés de bleu vif et de rouge sanguinolent. Le fauteuil à roulettes du peintre professeur rend bien ou mal le bruit du tonnerre — plutôt mal...

Les artistes et les autres hommes, c'est dans la déveine que l'on les distingue le mieux; ils n'ont pas la même façon de se tromper. Les morts d'Henry Lehmann ne sont pas morts, ils sont décédés...

Les critiques prêtent à la critique. J'ai lu dans un grand journal de Paris : « Au suave modelé de Paul Potter, Mme Rosa Bonheur joint la puissante coloration de Cuyp. » Bon Français, je m'en réjouirais si c'était vrai.

Quand le critique est artiste, il est féroce. Un artiste a écrit et signé ces lignes : « Delaplanche, ce sculpteur que personne ne connaît ; Falguière, cette nullité bruyante et prétentieuse. » Cet artiste, ce critique est un sculpteur.

Lisez cela et puis voyez le portrait de femme de Falguière. C'est ainsi qu'il se repose.

Je ne suis pas un puriste. Aussi je dirai : Si je n'aime pas M. Olivier Merson, le critique d'art, par exemple, ce n'est point tant parce qu'il écrit mal, mais je n'aime pas sa façon de mal écrire. La beauté souvent, c'est une certaine laideur qui nous va ! Une jolie nouvelle de l'immodeste auteur de *Charlot s'amuse* se termine ainsi : « Oh maître ! dit-elle en lui embrassant les mains — et elle mourut. » Un de mes amis, un puriste, dit : « On n'embrasse pas les mains, on les baise. »

Je ne suis pas un puriste, je ne suis pas un critique, je suis un amoureux d'art.

Un certain nombre d'exposants ont une visée de peintre. Un artiste au jugement sûr m'a dit : « Avec les tableaux refusés cette année, on eût fait une bonne exposition de 1835. »

Parmi les bons portraits, je signale ceux-ci :

Après le sculpteur Falguière, après le sculpteur

Paul Dubois, le sculpteur Antonin Mercié, expose un délicat portrait de femme. Que ces statuaires ont l'œil caressant et la main douce !...

Le moyen de louer les gens à leur convenance ? Je disais à mon boulanger : « Votre pain est du gâteau. »

Et il n'a semblé satisfait qu'à demi ; je m'entends mieux avec la boulangère...

Qui me donnera le moyen de louer à leur gré les artistes et les boulangers !

J'ai reçu des confidences : un amateur d'art a un cabinet de tableaux, son orgueil. Un monsieur, très froid, un visiteur, se présente ; on l'arrête devant une toile favorite ; on essaie d'entraîner le monsieur, on lui dit : « Cette toile manque au Louvre. »

Le monsieur très froid passe. On lui montre une esquisse d'Eugène Delacroix, une belle esquisse, et il dit : « Ah ! quand on a vu la *Barque ?* »

Et il part d'un air ennuyé : il était entré avee la mine d'une personne qui ne s'attend à rien de bon et le montre.

Pauvres amateurs d'art que nous sommes !

Que de preuves de l'innocuité du rire. A-t-on assez ri de Courbet là ou règne l'art officiel, on ne rit plus. Et tout cela pour qu'un jour, lors de l'exposition des œuvres de Courbet à l'École des Beaux-Arts, oui, à l'École des Beaux-Arts ! Courbet ! un artiste estimable [1], membre de l'Institut, peintre d'un romantisme ordonné arrive à dire : « J'avais tort ».

Oui, monsieur.

Les amateurs d'art sont gens d'humeur pacifique, ils aiment le Louvre où sont les *Grâces* de Regnault et les scènes bibliques d'Horace Vernet et les pâturages de Brascassat ! Ils aiment le Louvre, malgré les Bidault, les Valenciennes, les Michallon et ces plafonds d'une nullité agressive !...

Ils estiment le Luxembourg sans un significatif François Millet, sans Bonvin, sans Degas, sans Manet.

Le *Pot au feu* de M. Vollon. C'est un portrait, j'ai connu le bœuf. Il vaguait dans les prairies à

1. M. Robert-Fleury.

Bézancourt, un peu à l'écart de ses camarades, s'abandonnant à des songeries d'amour ou mieux ne pensant à rien. Il y a un boucher dans mon récit et la mère Jean allait mettre à la marmite un quartier de bœuf de belle mine quand Vollon dit : « Laissez çà là. » Et Vollon de peindre avec rage. Puis, beaucoup plus tard, le peintre retrouve une toile dans un coin : « Ce n'est pas mal », dit Vollon.

J'ai dit que les amateurs d'art sont gens d'humeur paisible ; s'il collectionnent les épées, c'est pour les ciselures de la garde. Exemple : M. Antony Valabrègue a pu faire une conférence sur ce sujet : *L'Histoire de France au Louvre,* un 21 janvier, sans une allusion à la mort de Louis XVI...

Ce qu'il faut voir, c'est le portrait signé Fantin-Latour. Ceux qui aiment à être tutoyés dédaignent cet art discret et mesuré. J'ai là, chez moi, devant ma table de travail, le portrait de Fantin-Latour par lui-même, daté de 1861. En ce temps-là, l'artiste était pauvre, méconnu, fort triste et très maigre. M. Fantin-Latour n'est plus aussi maigre qu'alors et il est toujours triste. Ce portait, ce petit portrait-là, supporte, sans faiblir, les plus dangereux voisinages. Fantin-Latour se tient bien partout. Il est sincère, quelles délices!...

J'avais dit, dans une conférence au Musée du Louvre sur les petits peintres hollandais: « J'ai une croyance qui me guide dans mon choix: *Le style est l'état innocent de l'esprit.*

A ceci, mon confrère, M. Édouard Sylvin, répond : « Il n'est pas nécessaire de méditer longtemps cette formule pour y retrouver la poursuite sous une forme plus serrée, plus particulière, de la formule même de Buffon : Le style, c'est l'homme. Mais dans la bouche de Jean Dolent, elle s'applique à une manifestation de l'intelligence, où l'homme peut se garder mieux, se trahir moins aisément soi-même, et, par conséquent, elle exige pour être comprise des développements. Ces développements, il nous les doit. »

Si je dois, je paierai.

Quant à la formule célèbre, *le style c'est l'homme*, je dirai sans irrévérence qu'elle équivaut à: ce qui vient de nous tient de nous. Ou

8

bien : à père camus, enfant camard. La belle découverte et le grand effort d'esprit !

J'ai voulu dire, j'ai dit : Confessons-nous, mes amis, déshabillons-nous, mes frères. Le poète Rollinat n'est point un loup-garou, c'est un renard[1]. Que de pauvres sonneurs de trompe seraient d'aimables petites flûtes ! Combien d'artistes singent l'homme entraîné, possédé, innocent... Ce n'est pas sans qu'ils aient un certain désir d'avoir du génie, mais il y a les abeilles du mont Hymette et le miel du Gâtinais... Dans les rêves de ces artistes, les croix remplacent les étoiles. Ce sont des menteurs et les gens qui les louent, les récompensent, les paient, des ignorants.

(15 juin 1883.)

1. Cela s'adresse non pas au poète, mais au malin diseur de vers, soigneux de ses effets.

VIII

LES VIVANTS

A L'EXPOSITION NATIONALE

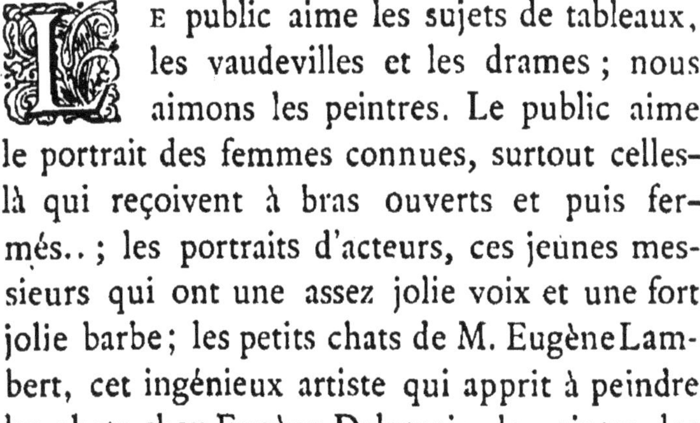

Le public aime les sujets de tableaux, les vaudevilles et les drames ; nous aimons les peintres. Le public aime le portrait des femmes connues, surtout celles-là qui reçoivent à bras ouverts et puis fermés.. ; les portraits d'acteurs, ces jeunes messieurs qui ont une assez jolie voix et une fort jolie barbe ; les petits chats de M. Eugène Lambert, cet ingénieux artiste qui apprit à peindre les chats chez Eugène Delacroix, le peintre des lions et des tigres, Delacroix, ce vivant glorieux ! Le public aime les tableaux étonnamment petits et loue ainsi le plus fort de ces malins artistes : « Il copierait la bataille d'Arbelles sur un bouton d'habit. » Je me rends compte du mécanisme savant de ces petits bonhommes ; laissant à messieurs les critiques d'art à les juger, je dis : Ils ne sont pas agréables à mon œil. Le public admire fort aussi les toiles immenses, celles que le bourgeois émerveillé mesure avec sa canne ; devant un tableau représentant des fruits mûrs, il dit finement : On en mangerait ! Les hommes politiques trouvent un accueil froid. Une jeune femme belge a laissé s'échapper, devant un portrait de sénateur par M. Alexandre Bertin, cette phrase au goût de terroir très particulier : « Je ne commencerai rien avec lui. » Le public recherche les nudités détaillées, la peau duveteuse. Écoutez ces gens qui passent : — « Eh ! vois donc ?... — Hein ! crois-tu !... » Ils s'éloignent à regret, charmés, et, en s'éloignant, plusieurs fois ils se retournent...

Un amateur d'art, le comte d'Osmoy, m'a fait un reproche : « Vous n'aimez que les peintres de *morceau.* » Et cependant je suis d'avis qu'il ne faut pas peindre de même, d'aussi près, une amphore et une cruche.

Il est quelques-uns de nos artistes qui ont la réputation d'être coloristes et cela, en raison de deux ou trois remarques de moyenne rareté. Science égale à celle des jeunes femmes coquettes : Elles savent qu'un ruban bleu est à la place favorable dans une chevelure blonde et, qu'aux cheveux bruns, sied bien un ruban couleur de pourpre.

Même art !

Quelques autres de nos artistes sont des gens à secrets et leur renommée s'accommode bien du mystère. Il y a, paraît-il, des secrets de facture et des secrets de palette. Aux dominos, un jour, j'avais gagné quatre parties et, en raison de ce succès flatteur, on me prêtait une méthode savante. Pressé de la révéler, je me défendais avec vivacité. Enfin, je me penche à l'oreille de celui qui m'interrogeait avidement et dis : « Je passe les gros. »

Le secret de ces peintres vaut le mien ; qu'ils le gardent.

8.

Un amateur d'art anglais, M. le baron de Wolfer, m'assure que le plus grand connaisseur du monde est le directeur du *Magasin of arts* ; c'est d'un bon Anglais de le croire. Et que dit de nos peintres, de l'art français, le plus grand connaisseur du monde ? Il dit : « Ingres est le Wellington de la ligne, et Delacroix le Napoléon de la couleur. » Enfin : « Delacroix est le Berlioz de la peinture. »

Ces comparaisons superbes du plus grand connaisseur du monde sont faites pour étonner, éblouir un petit amateur d'art français.

Malgré l'appui du bon Anglais, la guerre continue contre Delacroix. Beaucoup de peintres d'école affirment et quelques-uns d'entre eux croient que la figure, la belle figure du damné de la *Barque* est de Géricault. Interrogé à ce sujet, je réponds : « Géricault était tout à fait capable de peindre ce bon morceau. » Et je n'ajoute rien pour ce motif que je juge sérieux : Je n'en sais pas davantage. Les mêmes personnes disent : « La composition du *Naufrage de la Méduse* est au Poussin. » Les romantiques demandent en revanche si le Poussin n'a point trouvé ses *Bergers d'Arcadie* là où M. Ingres a découvert *Œdipe.*

Ingres est mort, Delacroix est mort ; ce sont deux grands artistes français, ils sont aujourd'hui réconciliés...

Les personnes paisibles que Delacroix irrite sont celles-là même qui auraient méchamment voulu faire condamner Richard Wagner pour tapage nocturne.

Un peintre de mes amis, prix de Rome de peinture, a fait cette déclaration : « Le romantisme et le réalisme ont failli nous faire perdre notre suprématie en art. » Il a dit cela dans notre Louvre, en face du *Massacre de Scio !* tout près de l'*Enterrement à Ornans* !

Il ajoutait : Ce sont les littérateurs qui ont fait la réputation d'Eugène Delacroix.

J'ai répondu : Que grâces leur soient rendues !

Un autre peintre avançait ceci : « François Millet a fait trois bons tableaux. »

Trois ou quatre, voulez-vous bien ?

Je n'ai vu qu'une fois Eugène Delacroix. Il était membre du Conseil municipal et visitait les écoles de dessin. Quand est entré ce monsieur fort laid, à l'air désagréable, aucun ne devina l'honneur qui nous était fait ; l'air désagréable, oui ! C'est qu'alors Delacroix n'était pas assourdi par ce qu'il appelait « le bruit adorable de la louange. » Nous avions dans l'esprit le portrait de Rubens, le portrait de Van Dyck, les belles moustaches, la plume, le galant habit et ce monsieur, tout blême, avait une grosse cravate de laine, une cravate grise à carreaux noirs. Mais dès que l'on eut dit : « C'est Delacroix ! » on fut tôt échauffé. Je m'en souviens très bien, le *Discobole* était sur la selle. Le maître allait de l'un à l'autre élève répétant : « Oui, étudiez l'antique. » Il passa devant moi, sans s'arrêter. Ma figure n'était pas mauvaise cependant !

A l'Exposition nationale cherchons les vivants ! J'ai recueilli ce jugement sur les lèvres d'un notable peintre : « Ah ! ne me parlez pas d'Henner. » Le souvenir des femmes d'Henner me hantera longtemps encore après le temps où je connaîtrai seulement la douceur du rêve... Mais rien ne presse.

La première fois que j'ai vu un tableau de

M. Bastien-Lepage, j'ai dit : Le peintre est un petit blond — et c'était vrai. Ribot est blond aussi et je ne l'avais pas deviné... On aime M. Bastien-Lepage à Paris ; à Londres on l'adore ! M. Bastien-Lepage et les artistes anglais : même art et même poil.

Pour un vivant, cent ans de vie c'est une heure. Les autres, depuis les petits débitants jusqu'aux gens de gros négoce, font du commerce et, surpris en pleine production marchande, ils s'excusent avec le trouble mal dissimulé d'une fille forcée qui sait bien s'être mal défendue. Une fille entretenue est une fille.

La timidité et les brutalités : panade sans sel et panade poivrée. En littérature et en art, il y a des gens dont toute l'audace est de mettre les pieds dans le plat ; cela ne bonifie pas la sauce...

Où sont les vivants ? Nous revoyons les tableaux qui, au Salon annuel, nous avaient fait écrire : « Peut-être », et nous écrivons : « Décidément non ». Nous disons : — Comme il est plombeux ! — Comme il a jauni ! — Comme il est boueux !

Le trait incisif d'un portrait du graveur Gaillard nous arrête. Une tête de Fantin-Latour, une scène de Jozef-Israëls donnent leur note voilée, contenue, et Puvis de Chavannes met dans ce palais de verre une tache harmonieuse. Près de ces peintres mélancoliques et doux, Hébert, le désolé ; Guillaumet, un voyageur qui n'est pas menteur, un peintre triste aussi. Ce n'est pas l'Orient ardent ; en cet enfer, il y a des flammes de purgatoire, M. Guillaumet est chaste : point de femmes nues dans cet Orient.

Devant une très grande toile, très voyante et très bruyante, la gloriole du dernier Salon annuel, un peintre a simplement, justement dit : « C'est tout petit. »

Quel silence aujourd'hui après si grand fracas !

La guerre continue entre les hommes de l'École des Beaux-Arts et les peintres formés hors de l'École. Les uns disent Godichius, les autres Torchonnet.

Godichius : — « Ils parlent dans les cafés de choses qu'ils ignorent. Ils dédaignent le modelé, la perspective linéaire, la perspective aérienne. L'Institut vaut bien le café Bélin. Ils s'arrêtent là où les difficultés commencent. Ce n'est pas même nouveau : De tout temps on a fait de la mauvaise peinture. Ils ne savent rien. »

TORCHONNET : — « Celui qui passerait sa canne dans une de leurs toiles se ferait une affaire avec moi. C'est si gai ! Ils se font des toupets avec quatre cheveux mis en tresse et sont toujours rasés de frais. Si nous gardons une barbe de trois jours, nous les rasons de près. Ces poules couvent des œufs durs. Il y a « hautes études » et hautes études. Il y a M. Cabanel et Courbet. Il y a Signol et Théodore Rousseau, Henry Lehmann et le père Corot. Je donnerais tout Picot pour une esquisse de Tassaërt. Vous êtes des douaniers, des gardiens de scellés, des professeurs de langues mortes, mais des peintres ! croyez-le et buvez de l'hypocrême !... »

Je dis qu'ils ont tort tout les deux et se ressemblent.

Je reviens toujours à Delacroix, c'est là l'exemple et la leçon. Parmi les damnés de la *Barque*, je reconnais quelques-uns des pauvres peintres de son temps. Ils mordent la barque de leur mâchoire désarmée... Et cet Apollon sur son char de lumière ! je sais où vont ses flèches. Le

Massacre de Scio est un autre épisode du combat livré. Quelle tuerie ! Les *Noces juives* et les *Femmes d'Alger*, c'est l'instant de repos entre deux passes d'armes ; j'aime à voir un mâle baiser une fille à pincettes.

Cherchons les vivants à l'Exposition nationale. Qui évoque Racine rappelle M. Népomucène-Lemercier. Je leur dis : — « Vous ne resterez pas dans nos grands musées. » Ils répondent : — « Les bibliothèques vous seront fermées. » Et ainsi, eux et moi, nous rendons hommage à la vérité...

Tous méritent le succès que quelques-uns obtiennent ; celui qui n'a pas de succès, c'est injuste : il n'en était pas moins indigne qu'un autre. Ils n'ont pas compris qu'en entrant c'est à la mort qu'ils marchaient. Qui les obligeait à passer le cou dans la lunette ! Il fallait trouver un prétexte, dire : « La fenêtre est trop haute », ou : « Je suis chatouilleux », mieux, franchement, crânement : « J'ai peur ».

Ils ont dit oui.

Et l'on entend un bruit sec : une tête de plus au panier.

On ne peut revoir que des tableaux de maîtres.

Au Salon annuel, c'était ingénieux, soigné, propret, convenable et, pour un jour, c'était suffisant. En passant, c'était bon, comme on dîne bien dans un buffet de chemin de fer.

Le marchand est terrifié, c'est l'artiste que l'on vise et c'est le marchand qu'on frappe.

A l'Exposition nationale, on assiste au lamentable défilé des ridés, des ridaillés, des flétris, des méchants artistes qui sont de maladroits ouvriers. Toutes ces toiles, d'une année à l'autre année, vont se fendillant, se décortiquant. Et, depuis l'ouverture de cette Exposition nationale, les superbes et les triomphants connaissent la vérité. Rien ne restera d'eux ; ces peintres d'une haute suffisance quitteront le Luxembourg, où ils sont de passage, sans entrer dans le Louvre où l'on demeure. Pour les recevoir, les vivants, les vrais maîtres n'entr'ouvriront pas leurs rangs et ces chevaliers de petite noblesse iront rejoindre, je ne sais où ils sont, les Jacquand, les Gudin et les Biard...

Ces malheureux hommes disent du tableau voisin : « Il ne se tient pas. » Mais leur joie est atteinte par une amère pensée. Eux des vivants ! Ils ont dix ans à vivre. Je leur concède vingt ans d'un cœur généreux et compatissant que n'endurciront jamais les émotions de la lutte.

Des milliers de tableaux à des milliers de tableaux s'ajouteront, iront s'éparpillant de Paris à la province, de la grande à la petite province, toujours descendant pour séjourner enfin dans la solitude, dans l'ombre épaisse, dans le silence ; jusqu'au jour où le modeste conservateur d'un musée désert, personnage sans vénération et maladroit, crèvera cet œil, fendra ce front et, ce qui rend mon cœur pitoyable, relégurera ces toiles dans le grenier, ce champ du repos.

Les hommes forts, les glorieux sont frappés ; les simples et les sincères ne sont pas atteints. Au milieux des sépulcres, on entend parfois le chant clair et frais d'un oiseau.

(19 octobre 1883.)

IX

1883

E suis en art assez indifférent aux choses récentes.

⁂

De Ribot a J. D. :

Mot de graveur : R. — Mon aiguille est à vous.
J. D. — J'aime votre façon de coudre.

⁂

Artiste, je voudrais peindre un homme ayant conscience d'injustes défaites.

* * *

J'entends dire : « Le mouvement de cette figure m'a été pris. » J'entends aussi : « Le premier, j'ai noté... Ce thème m'est emprunté. » On me signale des pillards... Je leur dis : « Continuez. »

* * *

Pudiques ou frileuses ?

* * *

Je voudrais être jovial.

* * *

J'aime à lire à haute voix pour quelqu'un qui ne sait pas lire ; je m'applique.

* * *

MOI CHÉTIF, titre.

* * *

DANS MA RUE :

J'ai vu passer une mère soutenant un grand

enfant malade; elle portait le deuil avant la mort.

*
* *

Un peintre :

Je voudrais voir autre chose d'Henner, des amours, des satyres poilus.

*
* *

Une femme, à un vieil amant joueur :

Figure-toi que l'enjeu est fort et... et que tu joues pour un.

*
* *

André Lemoyne : — « Je donnerais tout Michel-Ange pour la *Joconde.* » C'est grave.

*
* *

Boudin a dit quelque chose; mais Lépine fait chaque jour des observations nouvelles. Lépine demeure en haut de la butte Montmartre; c'est loin pour l'amateur... Il ne paie l'atelier que 400 francs. « Je ne pourrais pas y mettre davantage, » dit Lépine.

On l'assure : « Les Yongkind nuisent aux Lépine. » Comparons... Ce n'est pas la même chose.

*
* *

LES BOUCHES-FLEURIES :

Un écrivain baisse la voix et me dit : « Je montre dans mon prochain livre de jeunes hommes d'agréables figures vivant dans l'intimité de femmes en pleine maturité, lesquelles manifestent aussi leur tendresse par des cadeaux périodiques ou éventuels. Non, comme vous le croyez dans le monde des gens de misère, mais dans le monde riche. Je montre des femmes témoignant de tendres préférences dont nous n'avons pas à bénéficier — nous — et cela, non aux époques reculées, de notre temps. »

Il a le regard d'un homme détenteur discret de quelque objet précieux.

Un écrivain : « Un journal va publier ma biographie... Il y a à dire. »

J'adhère.

Un écrivain en souriant : « Vous verrez mon

portrait au Salon, » et me parlant il tient la pose. Son œil aux rares éclairs est à peindre.

Avec un sourire, un critique d'art : « Les deux plus grands pincellistes Courbet et Vollon. »

Pâlissant, il ferme les yeux, troublé par le bruit harmonieux de sa voix.

Les gens illettrés ne sont pas comiques. Une bêtise d'un joli tour et d'une langue passable m'égaie — chez un autre... La bêtise des gens qui construisent la phrase assez convenablement, je la recherche. Avoir un nez d'un beau dessin, le savoir, triompher de l'épaisseur d'une longue barbe... Il me dit : « Les garçons de café me parlent avec déférence. J'appelle l'attention des femmes. Au théâtre, l'occupant m'offre une bonne place. Je n'en saurais dire la raison. Je rapporte ces faits sans me les expliquer absolument. »

Et il affaiblit le son de la voix dans une recherche de la distinction.

Ce sourire !

Sérieux, j'écoute. Je ris plus tard.

* * *

Ce que les peintres disent des autres peintres ? Avez-vous entendu les cochers de la queue et les cochers de la tête de ligne ? Même ton. Un peu plus, je dirais : même langue : « Une horreur ! Le sale métier de peintre ! Quel navet ! Est-ce assez dégoûtant ! »

*
* *

Le demi-sourire des femmes sollicitées et consentantes à demi.

*
* *

Exprimer quelque chose de nouveau dans une langue battant neuve.

*
* *

HYPOTHÈSE :

Flaubert des Goncourt : Cette prose a la rime riche.

*
* *

J'ai vu beaucoup de petits peintres glorieux

passer en se courbant sous de haute portes. C'est très amusant.

*
* *

Dans un « Salon », le critique d'art ne doit pas admettre les intrus.

*
* *

Les vieux peintres célèbres au Salon : « Mon reste, mon dernier reste. »

*
* *

J'aime le livre fait pour les gens dédaigneux des décors et des figurants. Ainsi que j'aime un livre, j'aime un tableau.

*
* *

Une dame louant un Cabanel :
— C'est beau comme un Prud'hon.
M. Cabanel :
— Mais, mieux dessiné.

*
* *

M. Benjamin Constant a une palette.

*
* *

Jéan Desbrosses : « Souvent Chintreuil me disait : Que tu fais mauvais ! »

Desbrosses avait fait un portrait de Chintreuil, vers la fin : « Cela ressemble, dit Chintreuil, cela ressemble trop. »

*
* *

C'est M. Florent Willems qui a réparé le *Saint-Jean-Baptiste* de Raphaël. Il noircit.

*
* *

Dans ma rue :

Sur une petite boutique, un écriteau : *Berceau à vendre.*

*
* *

Un peintre :

Je donnerais dix Rousseau pour un Michel.

*
* *

Une femme nous dit : « Nommez ce peintre, nommez-le seulement et glissez. » On ne voudrait pas, mais comment dire « Non » — et l'on glisse...

*
* *

Un peintre [1] :

— Ribot, c'est un farceur ; c'est un truqueur qui a imité tout le monde.

*
* *

Façons d'exprimer :

Humbert, le louable effort d'un esprit indécis.

*
* *

Un peintre :

Fantin-Latour a fait des tableaux bien peints : l'*Hommage à Delacroix*...

*
* *

Le peintre L... *montrant un de ses tableaux* :

1. Fils de peintre connu.

L'AMI : — Un vrai Rubens !

LE PEINTRE L... : — Rubens est plus mou. J'apporterai un bout d'étude au Louvre et je l'approcherai d'un Rubens. Cela démolira tout. J'hésite à le faire. Ce n'est pas bien. La puissance de Rembrandt, la grâce de Van Dyck et le vague de Velasquez, voilà mon dernier tableau, et c'est mon dernier mauvais tableau.

*
* *

FAÇONS D'EXPRIMER :

Une femme : Il n'a pas les mains galantes.

*
* *

Le peintre Louis Mettling : — Je venais de regarder longuement les *Syndics* de Rembrandt, je me retourne : les gens qui passaient me semblaient blafards, violets — mal peints.

*
* *

J'étais à table à côté d'un jeune peintre élève de l'École des Beaux-Arts de Paris. Il mêlait à son vin de l'eau de Saint-Galmier. Il parlait. J'arrosai de ma sueur les mets qu'on nous servait.

* * *

Dans ma rue :

La petite marchande de fleurs. — J'ai vendu pas mal de bouquets le jour de la Saint Exupère.

* * *

Un peintre[1] : — Ribot, nous avons déjà vu ça — on a toujours vu ça — on verra toujours ça.

* * *

Femmes :

Pudiques ? Frileuses ?

* * *

Puvis de Chavannes : — Ce que Vollon est peintre !

* * *

1. Première médaille, membre du jury, décoré.

Ces peintres, les hautes gloires d'École, ce sont des lions sans queue et sans crinière.

*
* *

ENSEIGNE : Palais meublé.

*
* *

Henner m'a dit : « Il n'y a que le nu. » Il m'a dit aussi : « Quand on sait peindre une tête, on sait faire un tableau. »

*
* *

Meissonier : — Les chevaux d'Horace Vernet, voilà des chevaux !

*
* *

Ceux qui voient, ceux qui entrevoient

*
* *

UN PEINTRE :

« Un portrait de Paul Dubois, c'est mieux qu'Henner. »

Moi, je préfère à Flandrin, le père Ingres.

*
* *

M. Paul Baudry parle de lui-même au mode épique.

*
* *

Un peintre :

— Un Bouguereau, ce n'est pas « fini », les valeurs n'y sont pas.

Un peintre :

« Fantin, c'est rond et ce n'est pas construit. »

Beaucoup de peintres aiment les anciens Fantin.

*
* *

Les membres du jury, pendant les séances, dessinent, s'amusent. Le plus maladroit des membres du jury, c'est Puvis de Chavannes.

*
* *

Un peintre :

Cabanel est plus chercheur, Bouguereau est plus roublard.

.˙.

Rapin : — Dans ce moment, nous voyons tout violet, cela passera.

.˙.

Un peintre :

— La perspective à la Cabanel, Ingres s'en est affranchi quelquefois timidement.

.˙.

Un enfant :

« Donne-moi du ça. »

.˙.

Un visiteur, un peintre, me dit : « Ce Bramer est bien au-dessus de ce Van der Werff. » Il insiste pour que je n'oublie pas. Croit-il que je l'ignore ? Il le croit. Pauvre ami !

.˙.

J'ai reçu la visite d'un homme pur. Je lui

dis : « Un Rousseau. » Il répond : « De Rousseau ou de Patachon, qu'importe, si c'est beau. » Il ajoute : « Ça coûterait cent sous, si c'est d'un artiste ! » Ce qui est fait pour m'initier à l'état d'esprit dégagé de la matière. J'ai l'air de dire, de vouloir dire : « Cependant... », et il part glorieux.

*
* *

FAÇONS D'EXPRIMER :
Ce n'est pas d'un beau peintre.

X

UN VESTIBULE

A Paul Duprey.

UN artiste, de mes plus chers amis, avait dit : « Laissez-moi décorer le vestibule à ma fantaisie. »

Parbleu oui ! On avait répondu : « Faites. »

Et voilà ce qui a été fait. Sous l'œil du maître, les ouvriers travaillent.

De la cimaise au parquet, un papier cuir dans les tons assourdis ; au-dessus de la cimaise, un papier rouge-brun, ton sur ton ; au-dessus encore, et pour cadre au plafond, une large plinthe rouge pâle encastrée dans un fil d'or. La rosace du plafond a été grattée ; le plafond, recouvert d'une étoffe blanc-jaune, rappelle le ton des rideaux de la porte vitrée. Au centre, une lampe en fer forgé, une lampe « amusante ». Les quatre portes sont noires, d'un beau noir mat, d'un noir fumeux ; un fil d'or fait cadre aux panneaux. L'artiste a ce caprice de mettre mon chiffre sur chacune des portes. Intimidé, mais ravi, je proteste doucement. Il insiste faiblement, cède bien vite, et sur les portes on place un motif d'ornement en bois doré avec des rehauts vermillon sans mon chiffre... Une baguette délimite la cimaise ; ce rehaut, l'artiste voulait le faire chanter, il crie, il braille ! On l'éteint.

Et le décorateur-chef passe à la mise en place des tableaux du premier panneau. Il est autoritaire, il est incorruptible ; on ne peut ni l'intimider, ni le faire fléchir. Il commande. Je propose de mettre en centre de panneau une esquisse d'Eugène Delacroix : *Saint Jérôme et le lion*. Saint Jérôme est mort ; dans un coin de la toile, un religieux appuyé sur une bêche ; le lion pleure. La lune éclaire cette scène.

En 1848, Henri de Beaulieu, de retour de voyage, avait été voir son maître Eugène Delacroix qui était malade, malade toujours. Il vit cette esquisse et l'admira.

— Prenez-la, puisque vous l'aimez, dit le maître.

Il la prit et c'est de lui que je la tiens. Henri de Beaulieu me l'a souvent dit : Delacroix peignait avec fougue, puis il disait : Prenons les balances.

Et Delacroix cherchait l'accord.

Il étudiait toujours. Il admirait Raphaël; il copiait Paul Véronèse; il a copié le portrait d'homme du Louvre, le portrait longtemps attribué à Francia; il a copié la *Famille d'Ostade*, le *Pouilleux*; il a copié Rubens et Tiepolo. Il disait : « le miraculeux Rubens. » Reynolds l'intéressait; il disait : « le ravissant Gainsborough. » Il était passionné de Charlet, je le crois bien! C'est ainsi que Delacroix parlait de Decamps : « Ce grand artiste. » Il jugeait ainsi Prud'hon : « C'est peut-être le plus original artiste du siècle. » Delacroix avait pour lui les écrivains : Théophile Gautier, Thoré, Baudelaire ; les peintres : Géricault, Gros, Bonnington ; contre lui, Guérin et Horace Vernet, mais bast !...

On m'avait élevé dans l'amour du talent d'École, dans l'horreur de Delacroix. Ce que l'on riait !... Ce que j'ai ri !... Je ne ris plus.

J'aime l'esquisse du *Saint-Jérôme* et je la défends.

On m'a dit : — Que le saint est raide.

J'ai répondu : — C'est qu'il est mort.

J'insiste pour faire placer le *Saint-Jérôme*... La toile a 1 mètre de largeur, 80 centimètres de hauteur.

— Trop grand, dit l'artiste.

Tantôt rebuté, tantôt écouté, je ne me décourage pas. On dresse l'échelle et je veux saisir le marteau. — «Qu'il ne touche à rien, » dit mon père, qui se prévaut d'une supériorité justifiée : il frappe quelquefois sur le clou.

L'artiste et mon père échangent un regard où viennent échouer, hélas ! les restes de ma vanité expirante... (la jolie phrase, le joli sujet de tableau !) Mélancolique, résigné, je tiens le pied de l'échelle.

On passe au second panneau et je soumets à celui qui nous dirige les *Hauteurs de Marly*, une esquisse de Decamps qui appartint à Balzac. (J'aime à dire : « Cette toile a une histoire », cela me plaît, ajoute à mon plaisir.) Le ciel rappelle absolument, par sa traînée lumineuse, le ciel du Decamps qui est au Louvre : le *Voiturier*.

On mesure : 1 mètre 80 centimètres sur 1 mètre. « Cela mangerait tout », dit l'artiste. Et il va rompant un ordre monotone, accrochant là une lumière, égayant une partie morne, échappant à la régularité fatigante sans détruire la bonne ordonnance. C'est irrégulier et cela se tient.

Enfin le deuxième panneau est décoré.

Plus l'on avance et plus les nerfs du chef sont sensibles. Il refuse une esquisse de Corot, une étude de femme, une étude peu faite mais significative. Cela marche lentement. On entend de sourds murmures, il y a des rencontres de regards irrités ou moqueurs. Des *Raisins* de Vollon sont pris, puis mis à l'écart. Enlever le *Coin de cave* de Ribot, où il est si bien en vue, pour le mettre dans le vestibule, il n'y faut pas songer, et j'y songe. On passe outre. Un plaisant portrait d'homme en bras de chemise, un portrait en plein air d'Alexandre Legros n'est pas admis. Le portrait de Fantin-Latour, par lui-même, ne sera pas dans le vestibule, ni les *Fleurs,* ni la *Brodeuse,* ni le *Lohengrin* du même peintre. Une *Scène de la campagne de France* (Brienne, 1814), de Raffet est à un clou, puis retirée. L'*Homme au chapeau* et la *Femme nue* de Courbet ne sont pas reçus.

Je voudrais bien un petit coin pour mon médaillon par Gustave Debrie, mais comment avouer ! Mon image reproduite en bronze...

Cinquante esquisses sont en place. Jugeons de l'effet.

Une *Léda* de François Millet. Le peintre a choisi l'instant où le cygne manifeste sa divinité. Il ne plane plus, il s'est posé. Des marques certaines attestent à Léda le caractère divin de l'oiseau. Elle voit l'Olympe et ses splendeurs, et, pour mieux voir, Léda ferme les yeux.

Un de mes amis, qui est dans la banque, m'a dit fort échauffé : « Ça vaut de l'argent ! »

De Fantin-Latour : une *Scène d'Opéra.* Une

enveloppée ardente avec point de rencontre aux lèvres ; deux jeunes bouches qui se baisent ; deux fruits verts que mûrit un baiser.

De Fantin-Latour encore : *Othello, Desdemona, Brabantio* ; une tache rose, une tache rouge vif, une tache brun roux : ténor, baryton et mezzo-soprano.

De Fantin-Latour : une *Toilette* (1859), un *Paysage* (1855), une *Femme au piano*.

Henri de Beaulieu a là deux esquisses, deux femmes : une *Marchande d'eau* (Alger) et une *Femme nue couchée dans une serre*, une femme blanche et une femme noire. Je connais une femme qui serait pour l'artiste un modèle précieux ; quand elle pleure, on croirait un citron que l'on presse.

L'homme amoureux est joueur ou jouet. Henri de Beaulieu est sceptique non sans raison : que l'on voit de veuves en demi-deuil porter galamment une grossesse de cinq mois ! On aborde : — Et vous êtes veuve ? — Parfaitement.

En révélant ces faits, je ne cherche pas une vengeance ayant eu de flatteurs demi-succès.

Une femme m'a dit : — On causerait avec vous et le jour et...

— Et?

— Et le lendemain.

Se venger! Si l'on fait une passe d'armes avec une femme prompte à la riposte, il faut se réconcilier sur le terrain... Et puis, il n'y a pas à s'échapper : on peut ne pas avoir aimé, on ne peut pas cesser d'aimer.

Les femmes d'Henri de Beaulieu ont les yeux très grands, la bouche et les mains tout petits. Bien juste assez de mains pour griffer, tout juste assez de bouche pour mordre ! Elles vivent dans l'immobilité lascive et la passivité lubrique. Une femme d'Henri de Beaulieu, c'est une mauvaise bougresse !

Les peintres devant la *Marchande d'eau* : « Les beaux blancs !... »

Vollon a dans ce vestibule : le *Singe sur une table de cuisine* ; — un *Chat endormi* ; — une *Tête de vieillard* ; — des *Pêches* sur un tapis rouge ; — un *Personnage de Callot*.

De Théodore Rousseau : *Bords de rivière* ; — le *Petit chemin*.

Retour de la pêche, — la *Plage de Scheveningue* d'Eugène Isabey.

Les *Naufragées* d'Eugène Delacroix.

Une étude signée : *Troyon, vallée de la Touque, 1840.*

(L'artiste a donné cette toile à M. Boileau, de qui elle me vient.)

Dans le vestibule, l'artiste a mis en belle vue une copie, une copie, oui, une copie, Ah ! C'est le portrait du *Pape Innocent X*, de Vélasquez, copie faite à Rome, en 1864, par Carolus Duran.

En dessus de porte, des *Chevaux* d'Amédée Besnus (1859).

Un petit Cals.

Un Monticelli.

De Diaz : — *Fleurs*.

Decamps disait : Si Diaz savait dessiner, il ferait bien les fleurs.

Trois grands cartons d'Alexandre Legros : une *Nativité* ; — *Josué arrêtant le soleil* ; — des *Cavaliers à la porte d'une auberge*.

Et, sur les portes, six esquisses de Louis Mettling :

Un *Vieux paysan assis appuyé sur un bâton*.

Une *Femme qui coud.*

Une *Jeune paysanne assise mangeant la soupe.*

Un *Vieux Marin.*

Une *Bretonne dans la campagne.*

Une autre *Bretonne.*

Les peintres louent ces études d'une façon inquiétante : — C'est d'une adresse !

Louer un collectionneur à son gré est difficile, louer un peintre suffisamment est impossible. Quelqu'un disait d'un tableau de Jules Dupré devant le peintre : « C'est beau comme un Millet. »

« Millet n'a jamais fait ça », dit Dupré boudeur.

Les amateurs d'art ont de fâcheuses déconvenues. Un brave homme qui n'est ni sot ni grossier m'a dit : « Vous aimez donc tant que cela les tableaux ! C'est drôle ! »

Un visiteur, un peintre : « Il y a là quatre ou cinq bonnes choses. » Quatre ou cinq, trois ou quatre, je ne sais plus le chiffre exact. Et le collectionneur avait eu la parole douce : — Vous qui avez le jugement sûr, le goût si pur...

J'ai la faiblesse, il est vrai, d'aimer à dire :

Cette esquisse plaît à Ribot. — Bracquemond aime cette étude. — Cette ébauche intéresse Fantin-Latour.

Mais le vestibule est paré, l'artiste signe gaiement :

Henri DE BEAULIEU, *décorateur.*

Nos amis les peintres vont venir ; ils diront :

De Mettling : — « Très habile. — Je vois d'où ça vient. — Il n'est pas ému. — C'est jaune et ce n'est pas construit. — Il fait une femme comme on fait un pot. »

De Vollon : — « C'est peint dans l'huile. — C'est cassant. — Il fait passer la muscade. »

De Beaulieu : — « C'est de la peinture d'halluciné. »

Nos amis les peintres vont venir. Qu'ils viennent.

(Février 1884.)

X

HENRI-ANATOLE DE BEAULIEU

On fait appel à mes souvenirs... Il est une chose dont je me souviens, c'est que la critique d'art avait une façon exceptionnelle de juger cet artiste. On disait : « Henri de Beaulieu, fumiste, dentiste. » On disait aussi : « Cette plaisanterie dure depuis assez longtemps. » Et qui disait cela, dans ces termes heureux ? Un membre de l'Académie française [1].

Cette plaisanterie vient de cesser. Je vous

1. Edmond About.

envie, monsieur, d'avoir une telle certitude. Delacroix disait à ses élèves : « Que voulez-vous que je vous enseigne, je ne sais rien. »

A vous qui savez, mes compliments, monsieur. Bien heureusement, je ne suis pas critique d'art, je ne fais point partie de ce bataillon comique où je vois tant d'invalides et de conscrits, de conscrits portant panache. Entre les critiques d'art et les amateurs d'art, il est plus d'une différence. Par exemple, ils écrivent : « Je disais hier à Henner... » ; j'écris : « Henner me disait hier... » Les critiques d'art aiment les cibles criblées, ils louent des tableaux où tout est pris dans tout, l'œuvre de joueurs malhonnêtes et maladroits : ils trichent et perdent. Parmi leurs favoris, des comédiens : partout où ils croient jouer, ils figurent.

Un critique d'art l'affirme : « C'est un forcené. » Eh ! monsieur, on peut s'intéresser à cet art-là. Courtois vous appréciez l'art bourgeois, ce pot-au-feu mal écumé. Avec une convenance soutenue également, vous parlez de ces peintres religieux qui n'ont pas la foi et ressemblent aux sceptiques rimeurs d'alexandrins dont c'est le métier de faire à Dieu des réclames de douze pieds.

Et, parmi ces gens-là, pas un artiste cependant. Il est odieux de voir un homme tailler le marbre, tenir la brosse et n'être pas artiste ! Il est douloureux de penser qu'une femme qui se donne ne prouve pas qu'elle aime !

Un autre critique d'art dit : « Henri de Beaulieu, passons... »

Voulez-vous bien, monsieur, nous arrêter un moment. J'ai à dire aux peintres qui vous guident ce que savent certains d'entre nous et ce qu'ignorent plusieurs d'entre eux.

Henri de Beaulieu avait quelques-unes des plus rares qualités de l'artiste, notamment la culture d'esprit et la bravoure. Il laissera une trace. Je le dis ici avec une espérance qui s'appuie sur le jugement des forts.

Henri de Beaulieu est un artiste original, on ne prendra jamais une toile de Beaulieu pour une toile de Delacroix. Ne riez pas — ne dites pas : « Je le crois bien » — ou : « Certes non. » Chacun de vos amis a fait cette heureuse trouvaille en même temps que vous-même.

Entendre, comprendre cet art, est chose mal aisée; apprécier le chiffre d'un contour n'est pas à la portée de tous les esprits. Si j'aime les prosateurs, ces robustes vainqueurs des courses à pied, j'aime aussi les poètes, non les faux idéalistes qui n'ont pas d'ailes à leur moulin.

Pour le juger, il faut avoir vu ses études, ses esquisses. Vous répondrez : « Ce qu'il cache, c'est possible; mais ce qu'il montre ! »

La belle réplique. Je cite sans crainte ce qui se disait contre lui, je ne masque rien, je ne déguise rien. Je n'ai pas peur. Un écrivain dit bravement : « Je ne sais pas le latin », et on l'admire pour tant de courage; cependant, il ne sait pas le francais et il ne le dit pas. Semblable en cette affaire à ces héros coquets qui veulent bien être balafrés en choisissant la place de la cicatrice. Henri de Beaulieu, lui, c'est un vrai brave !

C'était un homme de haute distinction que des traits feraient connaître, mais ce n'est pas le jour aux anecdotes.

C'était aussi un écrivain.

Au livre des *Têtes de Bois* je fais cet emprunt :

BRIC-A-BRAC

Souvenir d'Eugène Delacroix.

Tous vos petits bonheurs font les grands désespoirs,
Nous disait-il, le cœur est le tourment des âmes, —
Sa bouche de serpent souriait, et deux flammes
Entre les cils aigus filtraient de ses yeux noirs, —

Tous vos petits bonheurs font les grands désespoirs !

N'ayez jamais d'amour ! la femme est infidèle ;
N'ayez jamais d'amis ! cela mord comme un rat ;
Si vous aimez un chien, votre chien crèvera,
Ce qui vient de la vie est mensonge comme elle,

N'ayez jamais d'amour ! la femme est infidèle !

Le cœur est un engin — qui se pince à son trac
En meurt — ne fourrez pas le doigt dans sa machine ;
Moi ! j'aime les magots et les plats de la Chine,

Le cœur est un engin qui vous pince à son trac.

Moi ! j'achète un vieux pot chez quelque bric-à-brac,
Voyez-moi ça !... J'en rêve !... Il vaut mieux que le vôtre.
Hé !... quand je n'en veux plus je le vends pour un autre.

Achetez un vieux pot chez quelque bric-à-brac !

Dans le même ouvrage, lire deux nouvelles : *Le portrait d'un mort. — La comtesse Diane.*

Je signale le recueil : *Nouvelles à l'eau-forte* où se trouvent : *Étude de nu. — Marie Catiau. — La couleuvre.*

Pas d'orgueil ; il avait subi sans faiblir cette comédie qui se joue dans tous les ateliers, de confrère à confrère, de compère à compère... — Vous n'y donnerez plus un coup de pinceau. — Toucher à cela !... — Qu'y mettre de plus ?... — Et vous êtes inquiet ! — Inquiet, mais voyez donc comme ça y est !... — Comme ça se tient !...

Un autre ne dit rien, mais il est tout pâle, un autre s'agite, un autre se touche le front, un autre tourne le dos au tableau *pour y penser*...

Et Henri de Beaulieu souriait du même sourire qu'il gardait en lisant le jugement frappé d'appel porté par vous sur lui, monsieur.

Henri de Beaulieu parlait de Delacroix d'une voix tendre ! « — Ce qu'il était désagréable ! On ne pouvait tousser dans l'atelier sans qu'il dît : « Allez-vous-en !... Allez-vous-en... Ne revenez plus ! » On revenait.

Henri de Beaulieu m'a fait le grand honneur de me nommer exécuteur testamentaire, avec la mission de défendre son nom d'artiste. Le testament est tout plein de paroles douces et confiantes.

Je vais essayer de m'acquitter. En mourant, Henri de Beaulieu gardait aux lèvres le sourire désabusé de l'artiste qui n'est pas consolé par le pressentiment de l'immortalité de l'œuvre; et je n'ai pas à dire s'il croyait ou non à l'immortalité de l'âme, s'il avait cette touchante sottise d'espérer...

Juin 1884.

XII

1884

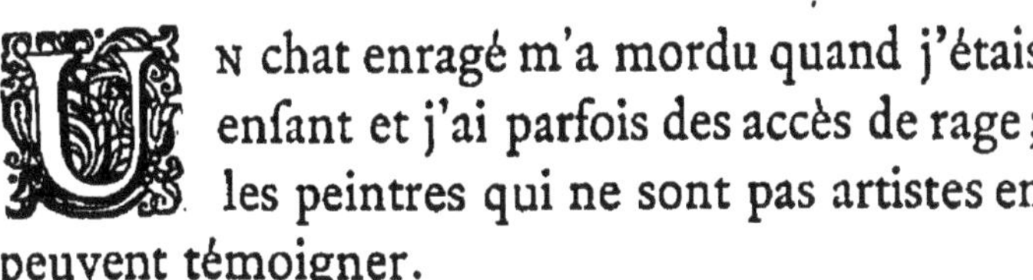

N chat enragé m'a mordu quand j'étais enfant et j'ai parfois des accès de rage ; les peintres qui ne sont pas artistes en peuvent témoigner.

* * *

Dans ma rue :

Une petite fille : — Le mari de maman, c'est... c'est, attendez... c'est M. Louis.

* * *

Un écrivain avait dit de moi devant moi des choses flatteuses. Après avoir parlé, si bien parlé, il me touche du coude et, d'un air entendu : — « Pour un camarade! »

.˙.

Je n'aime pas le prêtre, même comme aliment.

.˙.

J'ai vu ça! Un garçon de café, le café du Théâtre de Belleville, voit jouer le drame, le beau drame, et, dans l'entr'acte, il sert des bocks. Le plateau tremble...

.˙.

La femme que l'on n'aime plus : Des fadeurs et des aigreurs.

.˙.

L'art : Rendre précieuse la pierre commune, par la taille.

.˙.

Façons d'exprimer :

Une femme qui avait vu loups et louveteaux...

*
* *

Un peintre français :

Pourquoi les étrangers sont forts? Ils viennent s'instruire dans nos Écoles et leur qualité d'étrangers ne leur permettant pas de concourir pour Rome, ils n'ont pas à se déformer dans l'espérance du prix.

*
* *

Façons d'exprimer : Ça n'est pas vu.

*
* *

Dans ma rue :

Chez mon coiffeur. Un client va chancelant à la cuvette et vomit. Mon coiffeur en souriant :

— Tous les lundis...

*
* *

Un mauvais tableau sur la cimaise est de quelqu'un qui connaît quelqu'un.

*
* *

PUVIS DE CHAVANNES *à un peintre estimé des marchands :*

— Est-il bien utile que nous nous touchions la main ?...

*
* *

PUVIS DE CHAVANNES :

Une figure est bien; mais, un tapis dans le fond, un bout de collerette, montrent que le peintre ne sait rien.

*
* *

FAÇONS D'EXPRIMER :

De nous, entente; des autres, connivence.

*
* *

MOT DE FEMME SAVANTE :

L'homme, dispensateur participant.

*
* *

PORTRAIT :

Un mari. Un de ces honnêtes et précieux

maris qui assurent à leur jeune femme la paix du jour sans troubler le repos de la nuit.

* * *

M. Bouguereau : — Les anciens maîtres ne s'occupaient pas des valeurs.

Un peintre : — Ils s'en occupaient et c'est pour cela qu'ils sont des maîtres.

* * *

M. Glaize père louait Delacroix des « beaux rapports » du plafond d'*Apollon*. Delacroix dit :
— C'est bien facile, c'est une science.

— Que vous pouvez transmettre ?

— Ah ! Il faut aussi de la sensibilité.

* * *

Mes lectures :

« Courbet ne tenait pas compte des valeurs. »
Huysmans.

* * *

Un peintre :

De l'*Apothéose d'Homère,* je voudrais retirer les bleus et les roses.

*
* *

La femme du bandagiste. Titre.

*
* *

En 1860, j'enseignais à polker à cette grosse dame qui passe.

*
* *

Peintre, j'aimerais à montrer deux époux encore jeunes dans le contentement paisible d'un bonheur qui se répète.

*
* *

Les personnes qui n'aiment pas les figures nues de M. Bouguereau disent : — C'est en savon. — C'est en cire. — C'est en suif.

Je ne puis aller jusqu'au suif.

*
* *

Naturalisme, idéalisme : chiquer, fumer.

* * *

BRACQUEMOND : — Le morceau est tout.

* * *

BRACQUEMOND : — Chardin, des harengs ; ses figures, c'est toujours des harengs.

* * *

BRACQUEMOND : — Prud'hon, c'est du Corrège amoindri. Prud'hon fait aux femmes le nez trop long. Dans cinquante ans, il ne sera plus question de Prud'hon.

* * *

CONFIDENCE REÇUE :
Je fais de la peinture qui donne à penser.

* * *

Quand M. Pelouze, alors commis-voyageur,

venait dans une ville, s'il y passait le dernier, même après les voyageurs anglais, il réussissait.

*
* *

Un peintre : Courbet a souvent peint des chairs noirâtres et verdâtres ; il y a de ces chairs-là dans Couture.

*
* *

Sujet de tableau :

La maison d'Aspasie. Une servante lève un rideau et montre sur les marches les gens qui attendent. Des vieillards soutenus par un serviteur, des jeunes gens, des artistes, des savants, des philosophes, des guerriers, des poètes, des jeunes femmes impatientes.

C'est le soir.

*
* *

Un peintre :

Je n'aime plus autant Fantin.

*
* *

Boniface et Pacifique. Titre.

*
* *

Decamps a fait les nus de *Josué arrêtant le soleil* avec des gravures d'après Le Poussin.

*
* *

Manet s'est fâché d'une observation sur une oreille sans trou, d'une remarque sur une corde qui ceinturait un homme nu et ne suivait pas les ondulations des côtes.

*
* *

Ribot a effacé son tableau *Les Rétameurs*. Il ne lui plaisait plus.

*
* *

Temps d'orage :

Il pleuvait, l'eau claquait sur la soie tendue des parapluies.

*
* *

Un devoir : Refaire la *Bourse* après Ponsard ; le *Roman d'un jeune homme pauvre* après M. Octave Feuillet.

* * *

De petits peintres se font juger favorablement par des morts : « Delacroix me disait... »

* * *

Devises aux jarretières :
De Mme A. S. : *A mi-côte.*
De Mme J. L. : *Qui les sépare s'empare.*

* * *

Je garde des lettres écrites au crayon, effacées, illisibles.

* * *

Daubigny, au dîner offert par Vollon pour fêter Ribot, nommé chevalier, était bien malade déjà : il n'a mangé qu'un rond de saucisson.

* * *

Un jour, Delacroix dit à Henri de Beaulieu : « Si vous avez 1,500 francs, le *Sardanapale* est à vous. »

Henri de Beaulieu n'avait pas 1,500 francs.

*
* *

Des peintres qui se disent absolus masquent une partie de la vérité : Ils sont indécis absolument.

*
* *

C'est une grande joie pour un petit peintre de voir un tableau signé de son nom et qui n'est pas de lui. On l'imite. Être volé, quelles délices !...

*
* *

DANS LE GOUT DU XVIIIe SIÈCLE :

En amour, c'est le bourreau qui a le droit de grâce.

*
* *

Géricault a peint un curieux morceau : Les bras d'un homme.

Il avait apporté cela dans son mouchoir. Une belle chose.

*
* *

Ribot : Le portrait de Berlioz, par Courbet, c'est peint avec de la boue, mais c'est bien construit.

*
* *

Enseigne :
Vins d'après nature.

*
* *

Une jeune femme inquiète : Comme nos petites filles ressemblent à nos grand'mères !...

*
* *

Les Gascons du Nord. Titre.

*
* *

Changeons de prénoms : Arthur ou Gaston jusqu'à vingt ans. Pierre ou Paul, jusqu'à quarante. Antoine ou Guillaume jusqu'à la mort.

*
* *

Avoir le nez de Caracalla, le savoir, sourire...

*
* *

Le lendemain de la mort, la servante met un couvert en trop ; elle n'a pas encore l'habitude.

*
* *

De quelques moyens de faire rire : Ouvrir un parapluie par un beau temps en rencontrant quelqu'un. Fermer le parapluie, se fendre en se servant du parapluie fermé comme d'une arme, toucher à la poitrine ou au ventre. Le ventre est plus gai.

*
* *

Confidence reçue : Quinze hommes et une demi-journée pour placer au Salon deux tableaux d'un membre du jury. Quand les membres du jury sont contents, le Salon est fait.

*
* *

Fragment d'une lettre d'André Gill à M. Henri de Beaulieu, chargé du placement des tableaux (avril 1883) : « Je suis fou, en effet; j'ai la folie de la cimaise... »

*
* *

Après la *Maison d'un artiste,* de M. Edmond de Goncourt, André Gill me dit : « Je regrette Jules. »

*
* *

Fragment de lettre : « J'ai veillé près de vous si j'ai dormi près d'elle... »

*
* *

Je connais un médecin spécialiste que consultent les femmes enceintes. Elles racontent les incidents de la grossesse, interrogent le médecin sur le sexe probable de l'enfant. Toujours il répond : « Un garçon. » Et, sur son livre, écrit « Une fille. » Si c'est un garçon, quel honneur ! Si c'est une fille, il ouvre le livre...

Souvent on me dit : « Est-ce un maître ? Est-ce un petit maître ? » Mâle ou femelle ? Et dans ma réponse, ô savant docteur ! de vous je m'inspire heureusement.

*
* *

Elle, une très jolie belle fille qui, parfois, donne à son dédain de l'homme la forme d'une caresse, d'une caresse sue.

*
* *

J'ai l'horreur des peintres qui peignent des filles froides d'un œil froid regardées.

*
* *

Le peintre Henri de Beaulieu avait eu pour maître M. Ingres...

*
* *

Mon orgueil est simulé, mais ma modestie est feinte.

* * *

Le statuaire Rodin :

— Je ne prends pas assez peut-être de croquis dans la rue.

XIII

SALON DE 1885

Pour les quatre amis que j'accompagnais au Palais des Champs-Élysées, j'étais « le monsieur qui s'y connaît ». On me regarde, on m'écoute. J'exprime mes sentiments. Mon air est simple et ma mine enjouée; je porte des jugements sages et mesurés.

Je m'arrête devant un tableau de Guillaumet : *Les Fileuses de laine*; je m'arrête parce que j'aime ce peintre, malgré l'opinion d'un artiste de haut mérite : « Un Guillaumet, c'est composé comme une illustration. » La critique d'art n'a pas qu'une forme : les œuvres de nos peintres renseignent une femme, que je ne nommerai pas, sur la puissance de leur appétit galant ; de Fromentin elle disait : « Une étape à une étape et demie... » Guillaumet : « Robuste, non, bien portant. »

Un autre peintre des pays du soleil, Benjamin Constant, expose un grand tableau : *La Justice du Chérif*. Des belles femmes mortes sur de beaux tapis. Elles ne sont pas mortes, elles dorment. Le vrai titre : *Far niente*.

Un monsieur très bien, correct, dit : « Ce n'est pas rigolo » ; un peu plus loin, un autre tableau lui fait dire : « C'est assez rigolo. » Ce monsieur correct, d'aspect froid, me plaît : il est tout à fait rigolo.

Pas de Chaplin, tant pis ! Son ramage me charme et sa modestie m'amuse : « Il n'y a qu'un bon peintre en France, et il n'est pas Français », dit M. Chaplin, sujet anglais.

Puvis de Chavannes, entre temps, expose un petit tableau.

M. Gustave Boulanger termine une épître à ses élèves par ce conseil : « Soyez poètes », négligeant, pour cette fois, de leur dire : « Soyez beaux. » Cette lettre montre bien l'état d'esprit d'un peintre prix de Rome, décoré, membre de l'Institut, recommandant un système d'études qui fut le sien.

Une autre visée : Être Chintreuil, être Paul Delamain, être Cals, des peintres, des petits peintres, des artistes.

Un rédacteur du *Journal des Artistes,* M. Villergues, homme sévère et instruit, adresse une critique historique à *La Mère des Gracques,* de M. Gustave Boulanger : « Les deux enfants ne représentent pas la différence de dix ans qui existait entre Tibérius et Caïus. »

A propos du tableau de M. Bouguereau : *L'Adoration des Bergers* et *l'Adoration des Mages,* mon savant confrère, M. Villergues, dit : « Je critiquerai les auréoles qui ceignent la tête des Mages. Ceux-ci étaient des religieux puissants et honorés, mais non des saints. » Nous ne sommes pas des ignorants.

Devant le tableau de Fantin-Latour : *Autour du piano,* j'ai noté quelques jugements d'artistes : « C'est une grisaille soutenue. — C'est obtenu par de petits moyens. — Que c'est bien !... »

Je passe rapidement devant les artistes au mode tempéré qui jamais ne crient, soit ! mais jamais ne chantent ; — j'ai l'horreur aussi des peintres mélancoliques sans raison et sombres sans motif. Ils ont l'âme piteuse et me rappellent la jeune charcutière, ma voisine, qui toujours est habillée de noir ; c'est à croire qu'elle prend le deuil chaque fois que l'on tue un cochon.

Le portrait de femme de James Whistler me retient intéressé, je suis pris par ce goût du rare et du fin. Le portrait d'homme du même artiste est une belle chose aussi. Cet homme grave a, je le vois bien, l'air un peu godiche avec ce domino rose sur le bras ; mais que ce rose pâle et ce demi-noir sont d'accord !...

Le *Martyre de saint Denis,* de M. Bonnat. Le saint n'a pas de tête ; c'est l'œuvre d'un peintre de portrait qui se repose.

J'ai la furie du classement. Dans ma pensée, toute la peinture marchande s'étage, s'empile dans des vitrines de marchands. Le magasin du Bon Marché reçoit les toiles chéries des bourgeois cossus et des bourgeoises sensibles. Il y a le rayon de la soie et le rayon du velours : *Une femme dans un intérieur riche — Deux femmes avec jolis bibelots*. Si la fenêtre est ouverte, c'est cent francs de plus.

Aux magasins du Louvre, les toiles de ceux qui pastichent les vieux maîtres, la cuisine à la sauce rousse et les fricots à la sauce rance.

Leur *Robespierre* et leur *Marat*, leur *Bailly* et leur *Mirabeau*, au bazar de l'Hôtel-de-Ville.

Guignolets!... J'ai tout vu sans grande surprise. J'ai vu Mlle Raymonde en scène, poursuivre, atteindre et tuer une puce ; j'ai entendu jouer sur le flageolet l'air de Rosine avec le nez, — mais plusieurs de ces peintres m'étonnent.

Qu'ils m'entendent. Pourquoi ce métier de peintre de préférence à quelque autre métier ? Que diriez-vous de bottier ? Il faut avoir le sens de la forme, le goût des proportions exactes. Voyons, que diriez-vous de bottier ? Et chapelier ? Auriez-vous de la répugnance ? Chercher la coiffure qui convient à la figure des gens demande un esprit judicieux : que diriez-vous de chapelier ?

M. Jules Breton a deux toiles au Salon. Un artiste disait hier : « Breton met en musique pour le piano des choses de François Millet. »

J'ai vu la *Piscine* de M. Gérôme : ces femmes nues ne me donnent pas de vilaines pensées.

Au moment où le peintre Vollon est fort imité, la *Nature morte* qu'il expose arrive à propos pour indiquer que les distances sont conservées. Le *Guitarrero,* de Vollon aussi, est à voir. Vollon m'a dit n'avoir pas grand goût pour ses figures.

Sur la peinture du sculpteur Falguière, il y a deux opinions. Les uns disent : « Falguière ressemble à Henner sans l'imiter. » Je crois, moi, qu'il l'imite sans lui ressembler.

Avec plaisir, paiement du plaisir pris, je cite les paysages de Pointelin, d'Émile Barau.

Le *Souvenir,* marbre pour le tombeau de Mme ***, d'Antonin Mercié, donne une impression telle qu'aucun de ceux qui ont aimé cette belle morte ne pourrait arrêter les yeux sur ce marbre.

Le sculpteur Dalou est toujours bon peintre. Chapu garde son rang.

Le drame de Rochegrosse et la féerie de Clairin ont des spectateurs nombreux. Mme Sarah Bernhardt est au programme.

Un ami m'avait donné rendez-vous « devant la grande médaille ». De dix à onze heures j'attendais près du tableau d'Humbert : *La Fin de la journée,* décoration pour une mairie. Mon ami m'attendait en face du tableau de Roll, *Le Travail*. Nous nous sommes retrouvés chez Ledoyen.

Un peintre, mécontent des *Membres du jury* que Gervex a représentés avec des cannes et parapluies grandeur nature : « Ils ont des têtes d'otages. » Cela me paraît excessif. Roll disait à un peintre : « Chacun des membres du jury a quelque chose de l'artiste ; les membres du jury réunis sont quarante bourgeois. »

Mai 1885.

XIV

SALON DE 1885[1]

Un critique d'art au mode ancien donne à rire. L'amour, *cruelle énigme,* l'art, *mystère profond*; mais les amateurs d'art et les amoureux ont un babillage qui ne peut lasser.

L'éducation de l'œil se fait lentement. Autrefois!... autrefois, j'avais des jours de tristesse

1. *Le paysagiste M. D., au Directeur de la* Revue Contemporaine : — Et qui rendra compte du Salon à la Revue ?

M. Adrien Remacle : — Jean Dolent.

Le paysagiste M. D. : — Ce sera bien mauvais.

en revenant du Salon : « Il n'y a pas de Muller, pas de Jacquand. — Et Horace Vernet ? — Il n'a rien. — Et Gudin ? — Il a quelque chose. »

Cela consolait un peu.

Brascassat enchantait et Mme Rosa Bonheur enivrait.

François Millet, Courbet, Théodore Rousseau, Daubigny, Corot, étaient au Salon; on ne les voyait pas.

On cherchait les tableaux très grands et les tableaux tout petits : les batailles, les portraits de gens connus, généraux en costume de revue, acteurs, actrices.

Je voulais savoir les noms. On ne manquait pas d'aller à l'École des Beaux-Arts à l'époque des concours. Nous partions en courant, mon cousin et moi. Le plus faible, en revenant, je disais ravi : « Ma chemise est collée au dos. » Nous nous regardions d'un air entendu. Lui, l'aîné, disait inquiet : « Fais attention. » Heureux, un peu comme celui qui est dehors par la pluie, le vent, et pense qu'un ami, bon cœur, le suit, et en est fâché.

Vraiment, nous étions affolés par l'amour des

tableaux et des livres, aussi nous étions maigres et pâles; les derniers romantiques diraient : vous aviez deux maîtresses, l'une buvait votre sang, l'autre dévorait votre chair.

Un jour, nous quittons le Luxembourg tout agités : « Les *Comédiens dans une grange*, de Biard, n'y sont plus. Où les a-t-on mis? » Nous avions l'œil méchant.

C'était le temps où Théophile Gautier et Paul de Saint-Victor écrivaient sur l'art d'une façon plaisante. Les beaux décors plantés, ils faisaient vivre des personnages qui n'étaient pas de la pièce. C'était le moment où Théodore Rousseau donnait à Gautier un avertissement. Théophile Gautier et Paul de Saint-Victor écrivaient des pages et des pages sur les *Exilés de Tibère* du peintre Félix Barrias, ce même artiste qui n'a pas été admis cette année à l'exposition d'Anvers par un jury composé d'artistes français.

Impatiemment nous attendions l'ouverture du Salon, et, des premiers, nous étions à la porte avant l'heure. Nous montions le grand escalier par deux marches. A ce souvenir se lie un fait douloureux. Je devais accompagner deux jeunes filles. On voulait bien. Je connaissais les noms des peintres, j'aurais le livret, je raconterais les sujets, aux portraits, je dirais les noms : le maréchal Canrobert, le duc de Morny, le baron Haussmann, l'Empereur, l'Impératrice, Frédérick Lemaître, Alboni.

— Oui, me dirent-elles, allez vous habiller et revenez.

M'habiller! J'avais mon meilleur habit, un habit un peu trop clair; sur cet habit il avait beaucoup plu... Je ne suis pas revenu.

Tout le jour, on dessinait d'après l'antique chez un vieux sculpteur prix de Rome; nous écoutions, nous lisions. On allait au Jardin des plantes voir travailler Barye; il caressait toutes les bêtes, à l'exception de la panthère noire et du jaguar : quand arrivait un autre animalier, Barye tirait son mouchoir, enveloppait ses cires, faisait un grand salut et sortait du jardin.

Et ainsi, toujours étudiant, nous arrivions à aimer Eugène Delacroix. Candidat à l'Institut, Delacroix écrivait à M. Abel de Pujol [1] : « Mon

1. *Correspondance d'Eugène Delacroix*, publiée par M. Philippe Burty.

cher Abel. » A un ami : « J'ai vu Couder, il a été bien gentil. »

Un notable élève de M. Cornu pense qu'il est temps de dire la vérité sur Delacroix : « Qu'il a tout pris à Rubens et aux Vénitiens, qu'il ne sait ni peindre, ni dessiner. » Celui qui dit : « Delacroix ne doit rien à personne », se trompe également. Il y a des emprunts dans Delacroix, Ingres est fait de pièces et de morceaux. Bonnington est un pillard. A certains jours, Velasquez imitait les Carrache, Paul Véronèse, Rubens. Chez les forts, la part d'ajouté est grande, il suffit. Henner m'a dit : — « Il ne faut pas opposer un peintre à un peintre, mais un tableau à un tableau. A Madrid, j'ai vu les Velasquez et les Titien. Tous les Titien sont mauvais à côté des Velasquez ; mais il y a un portrait de Titien qui vaut à lui seul ce que valent tous les Velasquez. — Et Goya ? — C'est de la peinture balayée. »

Comme on donnait un rang à part au portrait de Bertin par M. Ingres, Henner : « Il n'a pas de lumière. »

Et, toujours interrogeant, nous allions ouvrant grands les yeux; ils étaient bons, les oreilles, elles, étaient bonnes.

Nous comprenions François Millet, enfin! Il nous parlait de ses maîtres, Poussin et Michel-Ange. Courbet ne nous rebutait plus et nous acceptions ces propos d'un peintre : « La femme nue sur un matelas, c'est plus beau qu'un Jordaens. Courbet a fait des paysages qui sont plus beaux que des Rousseau. »

Nous écoutions un peintre de figure : « Les peintres de figure connaissent la grammaire de l'art, les paysagistes ne la connaissent pas; les paysagistes sont des peintres de figure qui n'ont pas réussi. »

Croyez-vous!

Il est une chose que nous avons comprise assez vite : « C'est noir ou c'est gris. » Cela ne veut rien dire; les gris à Manet, les noirs fumeux de Ribot, cela dit quelque chose.

On copiait le *Discobole*, le *Faune à la biche*, le *Faune à l'enfant*, les *Dianes* et les *Vénus*, ce qui nous donnait le goût exclusif des belles formes. Par moment, devant Delacroix, Courbet, François Millet, nous avions des regrets; j'avoue.

Fantin-Latour me disait : « Le plein air, on n'a pas le temps; c'est déjà bien difficile à l'atelier avec toutes les aises. »

Je continuai mes observations et mes recherches, désireux d'entendre mieux, de voir plus loin.

J'objecte, Henner réplique : « On dit que mes figures nues dans la campagne à la tombée de la nuit sont trop lumineuses; voyez des paysans se baigner le soir : ils sont aussi clairs que ça. »

Nous avancions. Un jour, je dis : « L'*Appel des condamnés,* de Muller, c'est une grande vignette »; et je me rappelle qu'un vieil oncle, peintre, se leva tout pâle : « Ceux qui croient cela... » Sa bonté l'emporta et il ne dit pas plus. L'oncle a pardonné, mais il se souvient. On visitait les collections Pereire, Delessert, San-Donato, Morny et les petits cabinets d'amateurs. Tout nous était enseignement. La mort de Tassaert nous frappa vivement. Deux personnes accompagnaient le corps : Tenel Delpech, typographe, et un peintre en tabatières. Le soir, chez le marchand de vin, Tassaert disait en parlant des peintres en renom : « Je n'en crains aucun. » Ce que l'on riait ! Tenel Delpech raconte : « Si j'avais voulu pour vingt francs mon portrait par Tassaert... Si j'avais su !... »

Des amis moqueurs disaient de nous : « Ils pourrissent dans les musées. » On se renseignait : Berlioz refusait son portrait peint par Courbet. Le *Portrait de Prim,* par Henri Regnault, restait au peintre ; Napoléon III était mécontent de son portrait par Flandrin[1].

Je faisais un voyage en Belgique, en Hollande. En Hollande, j'avais le bonheur de ne pas connaître la langue ; rien ne me troublait et je passais silencieux dans le bruit des mots qui n'ont pas de sens.

Je connus les tristesses du collectionneur. On reçoit le visiteur avec des caresses : « Voyez ce petit-là, il doit vous aller, c'est bien dans vos goûts, vous qui aimez le rare et le fin ; voyez-le de près. » Le visiteur : » Il plairait dans un musée de province. »

Un autre ami : « Ah ! quand on a vu l'école

1. Je n'en suis plus autant surpris.

d'Ostade ? — Voyez comme c'est intéressant ! — Oui. » Pas plus, rien que cela : « Oui. » Et quel oui ! un oui sans conviction arraché par insistance. On prend des précautions, on écrit une jolie lettre après brouillon pour appeler un personnage instruit. Il arrive, regarde et dit : « Comme il y en a ! »

En arrivant au Salon, j'eus aux lèvres le « Comme il y en a ! » du visiteur discourtois; j'avais la mine d'un écrivain de la nouvelle école, un jour qu'il n'est pas content de ses adjectifs... Conduit par la foule, j'ai reconnu son goût pour les jolis motifs : Une femme grasse dont le corsage avoue; le *Premier sourire,* un premier sourire qui a des jarretières roses et des bottines vertes : le peintre est coloriste.

Il y a là pour charmer réalistes et idéalistes. Une demoiselle effeuille une marguerite, une fille écosse des pois. L'homme qui bâille et s'endort ; la femme qui dort et rêve. La femme et le cygne de M. Tony Robert-Fleury ; la femme et le taureau de M. Roll, — avec une poussée moins vive de la foule vers le cygne. Voyez comme cette jeune mère regarde son enfant avec attendrissement ! *Cuit à point,* c'est un joli motif d'un autre ordre. Le *Petit frère malin* n'est pas d'un méchant homme, et le *Fruit défendu*, *Bonne Maman, Bébé boude,* et *Coco*? c'est de l'art familier. La *Folie guide les traits de l'Amour* n'est pas mal. Je préfère : l'*Aurore rafraîchit les ailes de l'Amour* ; l'*Oie aux marrons*. L'*Aveugle et son chien,* n'ai-je point déjà vu ce joli motif ? *Causerie de Chiens, Un Petit oiseau,* la *Partie d'âne*. — Voyez donc : *Après le bain* ? Je vois bien. *Trop novice,* la *Cocotte favorite, Peines de cœur*.

La *Tentation de saint Antoine,* de M. Henri Pille, est là pour faire rire. Autant pour autant, j'aimerais mieux dîner à table d'hôte. *Femmes aux bains. La Grande piscine de Brousse,* de M. Gérôme. Il y a dix ans ce tableau aurait valu la médaille d'honneur au peintre. — Vous riez ? — Non, vraiment ; en disant cela, je n'ai pas envie de rire.

Les peintres disent désirer être jugés par des peintres. Qu'il soit ainsi fait. Le peintre Vollon expose une nature morte et une figure : « Dans Vollon, les valeurs n'y sont pas ; cela fatiguerait de voir cela souvent. « Un autre peintre : « Vollon, maintenant, c'est peint comme sur la boutique des marchands de vin. »

De M. Jules Lefebvre : « Que c'est pauvre! »

M. Carolus-Duran a deux portraits au Salon, un portrait de princesse, et un portrait intime. Jugement de peintre : « Carolus-Duran, c'est un Dubufe crâne. » A l'instant où j'écris, le nom de M. Carolus-Duran est encore quelque chose.

Je cite : « Boudin, c'est de quinzième ordre. Ah! ses ciels! il ne fait que ça de bien. » Il n'est pas un seul artiste qui dise, qui prenne sur lui de dire d'un artiste vivant : Il est en pleine possession de son talent.

M. Jules Breton a deux toiles au Salon. Quelqu'un racontait : — « J'ai vu dans un musée la grande médaille de Jules Breton. »

Un peintre : — « Ça doit être bien mauvais. Jules Breton n'a jamais su dessiner une forme. »

— « Flahaut, Bernier, des amateurs. »

— « Deux tiers dans l'ombre, un tiers dans la lumière, voilà tout Henner. »

— « Bonnat : il n'est ni dessinateur, ni peintre. »

— « Fantin-Latour : les anciens Fantin, oui. »

Un artiste l'affirme : « François Millet, c'est mou, égratigné. Tout est fait la même chose, la tête et le fond, les accessoires et le terrain. »

Oui, mais à deux pas c'est large.

Autre arrêt : « Jules Dupré, des tableaux de commerce bien faits. »

— « Munkacsy : cela a l'air d'être bien peint. »

Un artiste m'a dit : — « Si peu de sympathie que vous ayez pour l'art de Bastien-Lepage, son exposition posthume la diminuera encore. »

Un peintre m'a confié ce sujet de tristesse : « Je regretterai toujours que Delacroix soit venu dans un temps où l'on commençait seulement à s'occcuper de la couleur. »

J'ai fait un effort sensible pour consoler cet artiste dans la peine.

M. Blaise Desgoffe, un jour à l'hôtel Drouot, montrait l'*Enfant à l'épée* de Manet à M. le prince de Joinville. M. Blaise Desgoffe élevait la voix ; j'ai tout entendu.

Jugement de paysagiste : « Daubigny, oui, quelque fraîcheur. »

Expertise de peintre : « Un Meissonier, cela vaut 500 fr., pas moins. »

Nouvel arrêt : « Bonvin est le dernier bon peintre. »

Un artiste, un ami, m'a pris le bras, et m'a dit à l'exposition des dessins du siècle : « Géricault ne sait pas dessiner. Le saviez-vous ? »

J'ai répondu : « Je ne le savais pas. »

Les critiques d'art, dont c'est la manière d'être violents, ont du dégoût, du mépris, du dédain, de l'horreur. Ils signalent la platitude des œuvres; ils ont des nausées, des vomissements, de la fureur et de la pitié; ils invectivent, ils menacent. Qu'ils frappent ! Une fessée, c'est une caresse à grand orchestre. Braves gens ! Il est dans le monde politique de ces personnages bonasses et tumultueux poussés par des causes minimes et accessoires. Je suis contraire à ces violences; je ne coupe pas les longues oreilles, je les rogne.

M. Cabanel ne lit jamais les journaux et les revues au moment du Salon; cela le rendrait malade s'il lisait, et M. Bouguereau aime à dire : « Les critiques d'art parlent de choses dont ils ne connaissent pas le premier mot. » Quelques-uns. Le dédain des amateurs d'art tenant une plume, a d'autres formes. Nous masquons. Plusieurs d'entre nous sont gens à connaître le pré que certains artistes tondent d'une largeur de langue.

Il est des critiques d'art qui décrivent la mer flot par flot, le champ de blé épi par épi. D'autres que la technique enchante : « Le *Christ* de M. H. Lazerges : le corps est d'un bon galbe. » La *Vierge au lis* M. Gaillard est ainsi louée : « La composition est solidement assise et sévèrement pondérée. » Et le modelé ? « Le modelé est suivi, précis. »

Un *Portrait de jeune fille* de M. Paul Dubois « a la tenue de coloration sévère et calme ». Un autre portrait est signalé : un portrait de femme au « dessin ressenti » de M. Wencker.

J'entends cette langue et ne la parle pas.

Les critiques d'art... Alfred de Musset jugeait Winterhalter admirable.

On peut sourire. Je cherche et je compare.

Parmi les sculpteurs et les peintres, je ne vois pas Victor Hugo, ni Leconte de Lisle, ni Renan ; je vois M. Sardou. Entre l'écrivain et l'artiste se joue une partie, et, le plus souvent, l'écrivain renvoie la balle hors de la portée de l'artiste.

Il y a le critique d'art, homme de conscience. *Portrait d'homme :* « La tête est penchée sur l'épaule gauche; une main est gantée, l'autre nue. La main gantée pose sur la table qui est recouverte d'un tapis[1]. » Il y a le critique plaisant : « La muse de M. Bouguereau est en cire; la muse de M. Meissonier est en bois; la muse de M. Bonnat est en pain d'épice. » Il y a les gens austères : « C'est bien peint, c'est mal peint; c'est bien dessiné, c'est mal dessiné. »

Les peintres sont à envier. Les jeunes dames et les jeunes filles viennent demander l'appui du maître, et, bien que confiantes en la bonté de leur cause, elles mettent un joli chapeau.

Le *Portrait de M. Clairin* par M. Mathey est un peu fanfreluche, à mon gré. Voici le com-

1. Ch. Clément.

mentaire d'un de mes confrères : « La tête, ce profil nerveux et bruni d'émir arabe où les yeux profonds et luisants ont connu la nostalgie d'une vie antérieure, des siestes douces sous les lauriers-roses du généralife, des prières lentes que clamaient les imans dans le crépuscule par-dessus les terrasses claires de Grenade, des batailles furieuses contre le Cid Campeador et les preux bardés de fer — ressort un peu lasse, un peu morose d'un veston de flanelle blanche, et absorbe toute l'attention. » Et si M. Clairin s'était fâché !

Un autre écrivain dit de M. Roll « qu'il a toutes ses dents et qu'elles sont très blanches ». Un journaliste, en visite chez Abd-el-Kader, écrivit que le vieux chef avait parmi ses dents blanches une dent « couleur d'ambre », ce qui fut une façon délicate de dire qu'il avait une dent gâtée.

J'eus toujours d'autres soucis.

D'un portrait de femme de M. Cabanel on peut louer la bonne tenue. Chose faite pour surprendre, ses portraits son peints de pratique. M. Cabanel peint de chic devant le modèle et ceci le prouve, les femmes qu'il peint se ressemblent toutes. M. Bouguereau dit sans lyrisme : « Cabanel a un dessin assez agréable. »

Malgré Mme Demont-Breton, parmi les femmes, pas de grands peintres, mais que de musiciennes : Malibran, Sontag, Pasta, Falcon ; de ce temps : Pauline Viardot, Miolan-Carvalho, Nilsson, Patti même.

Le tableau de M. Clairin, *Après la victoire — Les Maures en Espagne*, c'est un très grand tableau. Plus grand que le *Travail* de M. Roll, un *Chantier de Suresnes*? On discute, à ce sujet.

Quel artiste réalisera ce tableau rêvé ? Un soldat et une femme écoutent un musicien. Refrain guerrier pour lui, chant d'amour pour elle ; le même air rappelle à l'homme la première victoire, à la femme, la première défaite...

Lequel de nos artistes pourrait rendre cela ?

Nos artistes rêvent à la croix, à la médaille d'honneur. Carolus-Duran, Jules Breton, Cabanel, Bonnat, Gérôme, Robert-Fleury fils, ont eu cette grande médaille. Pas de médaille d'honneur à François Millet, Courbet, Corot, Théodore Rousseau. Voir cela ! l'avoir vu ou savoir que l'on le verra encore, toujours[1] ! Avoir vu Delacroix après la *Barque*, après le *Massacre de Scio*, craindre encore la fureur imbécile du jury ! Assister à la bataille de tous les jours, où triomphe la sottise puante, et pour l'artiste n'avoir qu'une consolation : Penser que l'on rêve, rêver que l'on meurt. Je lis : « Élèves de Cabanel, de Gustave Boulanger. » Il faut lire élèves de M. Boussod et Cie, élèves de M. Siedelmeyer ou de quelque autre marchand.

Du groupe de Dalou : *Triomphe de Silène*, des artistes ont dit :

« C'est de l'art d'orfèvre. C'est de la sculpture tapotée. »

Sa vie de misère : Dalou échoue à l'école des Beaux-Arts même au coneours de place ; alors pendant deux années, il empaille des animaux, puis il entre chez des fabricants de bronze, deux frères « qui font tous leurs modèles. » Dalou les regardait faire très probablement.

M. Bouguereau trouve au *Silène* de Dalou un défaut : Il est ivre.

1. Voilà bien du bruit pour une médaille !

Un jeune médecin de mes amis se promenant dans les rues s'exerce sur les passants; dédaigneux du mal déclaré, il annonce la maladie prochaine et, sans interrompre la causerie, il dit : Ataxie — Hypocondrie — Dyspepsie — Albuminurie — Anévrisme — Hépatite — Paralysie. A son exemple, je cherche et je prédis la maladie future : La peinture de M. Jules Lefebvre : Anémie; la peinture de M. Bouguereau : Diabète.

Un critique d'art met les artistes sur deux rangs; aux uns, il donne une petite tape sur la joue ou bien une bourrade; galant, aux dames il offre une fleur.

L'artiste qui me parle garde aux lèvres un sourire dont il n'est pas maître et qui veut dire : Vous êtes un ignorant. Il pressent son génie; je crains, moi, qu'il ne soit un sot... je cache ma crainte. Examinons : J'ai la certitude d'avoir une préférence marquée pour une forme de l'art et d'en savoir les raisons; ma certitude est moindre d'avoir fait preuve d'un goût pur en faisant ce choix, et de l'impossibilité d'être entraîné par la suite vers une autre manifestation de l'art, je n'ai aucune certitude. Je sais que le plus grand désaccord entre les amateurs d'art instruits porte sur le différent degré de réalisation que chacun de nous demande à l'artiste, et qui nous est nécessaire pour comprendre l'œuvre absolument. Je sais aussi le motif réel de la froideur entre l'artiste et l'écrivain. Que doivent penser les artistes de l'amateur d'art refusant de leur reconnaître les dons qui font défaut? En mal penser.

Les artistes aiment le critique d'art farouche. En lisant dans un compte rendu les dix lignes les concernant, ils un court moment d'ennui que les lignes qui suivent apaisent et effacent. Ils y reviennent rassérénés et cette fois, passant l'examen de leur œuvre, lisent le reste avec ravissement. Ils citent de mémoire avec un commentaire approbatif: « Il y a là un grand nombre de choses justes. »

Je suis libre, je me sens libre, mes amis le savent, cependant je pense qu'il faut compter au nombre des situations difficiles : Pour un peintre faire le portrait de quelqu'un « qui s'y connaît » ; pour un écrivain, parler des artistes dont il est l'ami. Mon ami Louis Mettling a une *Tête de vieux marin* accrochée aux frises. Toutes les toiles de Mettling ont des qualités. Je n'ai pu juger de la valeur artistique de la toile exposée; seul le peintre pourrait me renseigner; mais, qui ne devinerait l'embarras d'un écrivain mesuré, ayant à reproduire le sentiment propre des artistes sur leurs œuvres ?

Le paysagiste Moullion n'expose pas de *Blés*. Moullion dédaigne les amateurs d'art tenant une plume et c'est lui, Moullion, qui donnera, par un mot significatif, la caractéristique du Salon. Je le suis : il change de salle; je ne le quitte pas : il change de salle encore, ce sera pour l'autre salle; à la derrière salle, je me dis, ce sera pour l'autre année.

Besnard, son portrait de femme rejette loin les portraits faits avec des procédés et des formules; Élie Delaunay, Sargent, Guillaumet.

Eugène Carrière : *L'enfant malade*. La qualité des blancs! Les beaux noirs variés!

Puvis de Chavannes donne l'accord à tout un orchestre de virtuoses.

Quost, Raffaelli, mieux à son avantage hors

du Salon que dedans; Lépine, Lerolle, Pelez e ses pauvres petites danseuses maigres. « Elle vivent toute une semaine sur une sardine », di Georges Nardin; Pelez et son petit pouilleux M. Pelez est peintre et philosophe, j'aime mieux la philosophie de Murillo; Lhermitte, Montenard, Rapin, Émile Barau, Morot et sa *Course de taureaux* dans une lumière d'atelier! Masure montre une bande de mer et non la mer; un peintre de nature morte qui peindrait une tranche de gigot et non le gigot.

Les deux toiles d'Henner ne motivent pas de remarques nouvelles.

Benjamin Constant : *La Justice du Chérif* C'est un peu un Gérôme agrandi, cela ne flambe pas!... Quelques peintres disent : c'est de la peinture essuyée.

Gervex intéresse les peintres et le public avec son tableau : *Les membres du jury de peinture en séance.* On explique : « Celui qui a ce nez c'est...; celui qui a ces grand pieds c'est... » Frantz Charley, le peintre des *Fileuses*, es harmoniste. William Stott, Jules Breton, c'es d'avant-hier; Jacquet dit d'anciennes histoire gaies; Comerre ne montre que la pelure du fruit; la coloration délicate et le petit dessin de Louis Deschamps constituent une personnalité piquante du second rang.

Desboutin, un nom d'artiste. A causer avec les artistes je m'instruis. Dans le rêve d'une pensée douce, un peintre me dit : « Je vends aussi cher que Jacquet. » Desboutin ne vend pas si cher.

Des visées de critique d'art : Découvrir de grands artistes et les révéler, dans un goût louable du juste et aussi pour donner une idée favorable de ses facultés propres. Mettre hors rang un seul artiste. Opposer aux gens de talent qui exposent, les gens de talent qui n'exposent pas : Claude Monet, Degas, quelques autres. « Expose donc avec nous, disait Manet à Degas, tu auras une mention... »

Les petits peintres et les grands peintres offrent d'intéressants sujets d'étude. Les petits peintres vont en visite chez les grands peintres. Le tableau du maître est sur le chevalet. Que dire ? Louer ? Dans quelle forme ? Il faut exprimer et l'on exprime sans parler, sans airs de tête accentués, le maître est fin, par la variété savante et pittoresque des silences historiés.

M. Defaux a des élèves, je le vois bien.

A la sculpture : le *Blanqui martyr* de Dalou.

Une gravure d'après le Rembrandt de *National Galery* « *and old man.* » Un graveur de ces temps-ci ne peut graver un Rembrandt ; je ne pourrais pas voir chez moi le Rembrandt de M. Waltner.

Dannat a un petit portrait, une fillette d'un blond pâle, une petite chose, une petite chose de Musée. *Autour du piano* de Fantin-Latour : il y a prise de possession par le musicien ; on écoute comme on écouterait la Bible, dans le silence profond et l'immobilité absolue.

James Whistler est suave. Il est immatériel et dépouille de la chair les êtres qui posent devant lui, leur impose l'air et la lumière où sa fantaisie voilée se joue ; le comprendre, c'est le deviner, et, si sagace qu'il puisse être, l'initié craint parfois de ne pas entendre le sens secret de cette musique sans paroles.

Le paysagiste Pointelin peint de peu chose, c'est sa manière, sa rouerie, il est plus adroit que Pelouze.

Le retour des travailleurs, la *Fin de la journée* d'Humbert s'explique pour moi clairement; c'est l'œuvre d'un homme qui a voulu faire une chose simple et qui l'a faite.

Enfin, le *Tombeau de Mme...*, Mercié met la recherche de la forme et la composition dans la même valeur d'intérêt.

Les mieux doués de nos artistes satisfont à demi à notre amour du beau, et ce n'est pas l'œuvre réalisée souvent qui est faite pour nous passionner, nous allons plus loin que là où ils s'arrêtent, seuls nous parcourons la route où nous avons un moment cheminé de compagnie.

XV

1885

ROPOS DE MUSICIEN :

Adrien Remacle :— Bach a tout trouvé. Hamlet est fait. Chopin l'a fait. Chopin, c'est Hamlet.

Il ne faut pas jouer Chopin en mesure.

Félicien David... Berlioz...

« Elle est tellement innocente » : *De la Fille de Mme Angot*, c'est de la musique.

* * *

Les bouches-fleuries :

Ce peintre vient me voir. Il s'excuse, tout confus, d'avoir quitté Paris sans me faire visite, d'être revenu depuis un peu de temps déjà, sans m'avoir informé de son retour ; un peu remis, il me dit : — J'ai lu... Pas mal... Vrai ! Je ne croyais pas.

*
* *

Dans ma rue :

Des gens aisés, des gens connus :

— Un couteau rond ! Je veux un couteau pointu... à deux fins.

— Des fourchettes... des fourchettes... quand il y a tant de pauvres gens qui n'ont pas de viande à manger.

— Le pétrole ne coûte pas 20 francs le litre !... De la littérature.

*
* *

Chrétienne ? Je ne sais pas. Elle tend l'autre joue...

*
* *

Le médecin avait dit : — « Il n'ira pas plus loin que la fin du mois. » A la fin du mois, *rien de nouveau*. La famille s'étonne. Pas de mauvaises gens, pas des gens à héritage : la femme, la belle-sœur, le neveu. Ils disent : — « Quand on ne sait pas... quand on n'est pas sûr... »

*
* *

FAÇONS D'EXPRIMER :

L'argot s'étend. Si l'argent c'est de la « galette », l'amant idéal de Mlle... c'est le père coupe-toujours.

*
* *

DÉDICACE. *A Mme M. B...*

« Il est une fleur, la dionée, un insecte vient-il à se poser, elle croise sur lui ses cils épineux et le retient prisonnier. » *Histoire naturelle.*

*
* *

Je ne suis pas un homme futile, affolé de plaisirs mondains. Je sors du Conservatoire des Arts et Métiers. Sujet de la Conférence : *Les mouvements érectifs des organes de la génération chez les végétaux.*

*
* *

Devise de femme :
Sans masque, sans maître.

*
* *

Quemanderie :
A ta robe tigresse, une tache de plus ?...

*
*

Façons d'exprimer :
Qui se sent morveux, se torche.

*
* *

Histoire d'un pied qui a mal tourné ! Titre.

*
* *

Fantin-Latour : — Le goût du plein air nous vient de Delacroix.

*
* *

Les lettres de Bonvin, bien belles !

*
* *

Dédicaces :

A Mlle M.-M. : *L'esprit est un parfum, mais l'auteur a si peu d'esprit que, pour parfumer son livre, il lui fait un lit de violettes.* (Janvier.)

A Mme A.-C. : *Vous avez le droit de justice sur les choses de l'esprit ; vous avez le droit de grâce aussi.*

A Mme H. : *Vous avez des mélodies aux lèvres, aussi des baisers. Vole... vole...*

*
* *

Travaux galants. Titre.

*
* *

Coquelin aîné au théâtre de Belleville :

Dans l'entr'acte : — Ce bout d'homme ! — Cette voix ! — Ce qu'il doit vous f... une claque !

*
* *

Un vent de révolution souffle sur les lettres françaises. De jeunes écrivains studieux et de moyenne audace travaillent au Dictionnaire incessamment.

*
* *

Dans ma rue :

La fille avait trente ans, l'homme cinquante. Elle lui reprochait de n'être pas fidèle. C'était bien dit, bien fait, sans larmes, ni cris, sans gestes. Des plaintes... des doutes... des soupçons : Ah ! combien injustes !...

Il objectait ravi.

*
* *

Dans ma rue :

Mon coiffeur me dit : « Je suis exempt du service militaire à cause de ma mauvaise vue. » Et il m'attaque le menton...

*
* *

Fragment de lettre : « J'ai avancé : On grave d'autant mieux d'après les autres, qu'on est mieux disposé à faire œuvre originale. » *Bracquemond.*

*
* *

Le buste de Dalou par Rodin dit Ribot, c'est beau comme n'importe quoi de n'importe qui.

*
* *

SALON DE 1885.

Parmi tant de malappris, un insolent, Eugène Carrière, le peintre de l'*Enfant malade.*

— Si je vends ma statue, a dit Rodin, j'achète un Carrière.

*
* *

Le peintre E. C. A PUVIS DE CHAVANNES :

— Je vois, vous regardez le ciel et le ruisseau ?

— Oui.

*
* *

Un modèle de Chaplin : *Flos florum.*

*
* *

Le : « Ça n'est pas assez fondu » du critique.
Le : « Ça n'est pas fini » du public.

*
* *

Femmes pauvres, des poils blancs ; femmes riches, des fils d'argent.

*
* *

Bon, meilleur que tout : Avoir à soutenir un être faible et se sentir très fort.

*
* *

Je l'ai rencontrée avec son nouvel amant. Il n'est pas mal, pas trop mal, pas du tout mal.

*
* *

COMÉDIE :

Un écrivain raconte en plusieurs feuilletons ses amours avec une femme mariée, la femme d'un ami. Le mari lit le roman. Pour ne pas inquiéter le mari, l'amant voudrait ne pas « utiliser » une scène ; mais si belle ! Il prend des précautions ; quatre lignes agitent le mari et trois lignes le rassurent. Le mari reconnaît la femme, l'amant et dit : « C'est un tel, » un autre homme.

C'était un tel aussi.

* * *

Un libertin m'a dit pour s'excuser : Je suis un buveur dépité qui se console des mauvaises vendanges.

* * *

Fragment de lettre : « Si vous vous souvenez, madame, je me souviens. »

* * *

A UN CHEVET DE MALADE : — Eh bien ?

La femme : — Ça peut traîner encore quelque temps.

* * *

Façons d'exprimer :

Les écrivains élégiaques, des saules pleurnicheurs.

*
* *

Aucune femme ne dit aussi bien qu'Elle pour la première fois dans les bras d'un homme, de cet homme — : Quels sont donc vos projets ?..

*
* *

Mariages élégants. Titre.

*
* *

Un jeune acteur demande à Bressant paralysé les « traditions » de l'Almaviva du *Barbier*, Bressant explique ; le jeune acteur ne comprend pas. Bressant se dresse à demi, soutenu sous les coudes — et fait « l'effet. »

*
* *

Drame :

Elle désirait des fleurs ; aujourd'hui, elle veut de l'argent. Soit, il vient, il aime. Au matin, il part, prend un mauvais chemin, tombe dans la rivière et se noie, ce bon nageur !

⁂

GASCONNADE :

Quand il y a un coup d'épée à recevoir, je le donne.

⁂

Une femme sans honneur est une femme qui ne veut plus manger de pommes de terre à la sauce gros sel, ni envelopper sa parfaite personne dans des étoffes de 4 sous.

⁂

Du peintre Pelez je me rappelle un mur, un mur bien crépi, un vrai mur. On s'y arrêterait.

⁂

INDULGENCE :

L'ivrogne est un homme lent à se désaltérer.

⁂

Une femme :
Tout jurer, ne rien promettre.

*
* *

Que je meure ! c'est au-dessus de : « qu'il mourût ! »

*
* *

L'âge viril ; caresser, corriger.

*
* *

Il a perdu la femme qu'il aimait, qu'il regrette. Après un peu de temps, il recommande certaine sauce, il se lime les ongles.

*
* *

Façons d'exprimer :
— Monsieur le commissaire, voici : Je changeais une pièce, elle se trouvait fausse..

*
* *

Le livre que j'écris, m'inquiète ; le livre que j'écrirai me rassure.

*
* *

Mon orgueil est simulé ; mais ma modestie est feinte.

*
* *

Les Valets de tragédie. Titre.

*
* *

Bonvin n'aime pas Millet ; il le dit chiqueur, « aussi chiqueur que Boucher. »

*
* *

Devant un Delacroix, on me dit : — Mais voyez donc ce cubitus !

— Je le vois.

XVI

EXPOSITION O. TASSAERT

GALERIE GEORGES PETIT

Ses sujets : des amours et des anges, des mortes et des mourantes, nymphe, bacchante ou ange gardien, Vénus et la Vierge. Voyez mieux ! Des bouquets de violettes, de lis et de roses.

MM. les critiques d'art font des réserves et disent mélancoliquement : « il faut regretter » ou bien : « combien il faut déplorer ! » Que voulez-vous que je regrette et qu'ai-je à déplorer ? Ils disent : « la belle pâte ! » et cependant déplorent et regrettent eux les savants, et nous, les amateurs d'art, nous les amoureux, nous admirons.

Tassaert est un monsieur qui se défend.

Il n'est qu'un homme qui me donne pareil frisson : Bonnington. La *Femme aux bijoux* rappelle même le Bonnington de la *Henri IV et l'ambassadeur d'Espagne*. Écoutez cette musique sur les lèvres d'un amateur d'art : « C'est joli comme un Tassaert ! »

Eh oui, j'aime les belles épures de M. Ingres !

Tassaert est romantique par accident : les *Enfants au confessionnal* sont à Ary Scheffer ce que M. Comte est à Paul Delaroche. Mais, ordinairement il est dans la vraie tradition française et n'est pas de l'école de ceux qui ne mettent point la bouche sous le nez.

Les sujets sont au père Suisse et au père Martin, le marchand de tableaux. Tassaert était grivois avec celui-ci et sentimental avec celui-là. Le père Suisse jalousait le *Convoi du pauvre* de Vigneron et le père Martin songeait aux nombreux clients de Fragonard.

Fantin-Latour avait été jugé favorablement

par l'un des critiques d'art qui ſont des réserves au sujet de Tassaert et Fantin-Latour m'a dit : « Je serais bien plus flatté d'être loué par quelqu'un qui comprendrait Tassaert absolument. »

On demandait à Tassaert au lendemain de la *Famille malheureuse* de prendre pour thème un conte de La Fontaine, un conte de La Fontaine est une fable sans moralité. Il était toujours prêt. Bien des tableaux du maître n'ont pu même quitter l'alcôve. Voyez plus clair ! Des roses et des lis, je vous dis !

Il serait sage d'avoir quelque méfiance à propos des nombreuses répétitions de Tassaert, des répliques avec variantes, des recherches nouvelles sur un sujet connu. Un des Tassaert de M. Charles Yriarte est de Vollon et Ribot ; tandis que l'un mangeait, l'autre était au chevalet ; le Tassaert de Baroilhet était de Ribot seul. Un œil exercé aurait pu découvrir le pastiche, le Ribot était plus clair.

C'était un peu après le temps où Vollon vivait, vivait mal en vendant au père Aubourg des marines de chic dans la manière de Daubigny ; le temps où Ribot allait offrir au prix de cent sous un *Petit Cuisinier,* et ce n'est pas toujours le premier marchand sollicité qui donnait la somme...

M. Roger Ballu écrit en tête du catalogue de l'Exposition Tassaert : « Rubens est ici le dieu imploré. » Telle est la découverte de mon confrère. Je crois, moi, que Rubens n'est ici pour rien, et de cette affirmation raisonnée je tire quelque orgueil. Les gens de notre profession sont enclins à la vanité ; qui ne peut se distinguer tient à se singulariser. Il en est même parmi nous qui triomphent de la beauté de leur barbe.

Si j'allais me faire rogner les cheveux !...

(Janvier 1886.)

XVII

LE SALON DE 1886

Ce salon de peinture se compose de l'œuvre des peintres qui ont les préoccupations artistiques du chiffre d'un contour, de la justesse des valeurs, des rapports, et d'autres peintres. J'aimerais à toucher aux questions sans m'occuper des individus, parler de tout le monde et ne nommer personne, ce qui serait difficilement admis. Heureusement, j'arrive à ce moment favorable où tout a été vu, tout a été dit, je m'adresse à des gens renseignés. La minute est particulière, il y a des pasticheurs pastichés ; on imitait bien Diétrich ! Leurs recherches, des recherches, dans les trouvailles d'un autre.

Autre particularité de l'instant, on met au livret le nom du maître et il n'y a plus de maître. Aveu d'artiste : « J'ai été trois mois élève de J. Paul Laurens, et j'ai eu beaucoup de mal à oublier ce qu'il m'avait enseigné ». Un peintre rend visite à un jeune homme qui désire une médaille et au prochain livret le nom de cette notable personne s'ajoute au nom des deux ou trois autres maîtres du jeune postulant.

Je n'ai plus à décrire les tableaux à sujets, à louer la transparence des eaux, la fermeté des premiers plans, la délicatesse des lointains. L'heure est passée, c'est l'instant heureux.

Je connais des peintres de toutes les écoles. Un fermier de mes amis reçoit quelquefois à sa table M. le curé et, pendant que l'on dîne, l'homme d'église parle abondamment sans trouver d'adversaire résolu ; mais l'instant du départ arrive, le fermier accompagne l'invité et se confesse librement, résolument quand il reconduit M. le curé. Messieurs les peintres, c'est l'heure de la conduite.

A ce salon, une femme nue de M. Carolus Duran, une femme nue de M. Gervex.

La femme que montre M. Gervex, la *Femme au masque* répond à un besoin très vif et spécial; c'est un être subtil et vorace, femme d'un lieu où les heures du jour succèdent aux heures de nuit sans que l'on en ait conscience : Juliette et Roméo dans un pays sans alouettes. Ce peintre échappe ainsi à toute possibilité de vertige. Grand voyageur au pays de l'inconnu, dès Montmartre ses pieds saignent.

M. Carolus Duran a fait de la chair humaine une étude approfondie et dans son goût de l'exact il a légèrement duveté la pointe du triangle... Les tableaux religieux de M. Carolus Duran sont du même ordre; ses anges ne se tiennent pas au chevet. On raconte qu'un jour cet artiste s'élança du lit où il méditait en s'écriant : « Allons Velasquez, lève-toi ! » C'était dit gaiement sans doute. Jugement d'un ami mal inspiré sur un tableau du peintre : « C'est un vrai Velasquez ! » et M. Carolus Duran aurait paru fâché. Une évidente contradiction existe entre ces deux récits. Propos d'artistes, légendes !

A ce salon peu d'autres femmes, de ces femmes au sein tari qui ont du miel aux lèvres, peu de vierges, de ces vierges dont le regard n'est point troublé par l'appréhension ni voilé par la compréhension.

La femme nue de M. Raphaël Collin est d'une convention aimable.

La femme nue de M. Henner, un fragment de poème.

Il est des choses à cacher, des choses à taire. Si je dis d'une femme : Elle s'est dégantée devant moi, il faut entendre...

Une femme nue de M. Bouguereau n'éveille pas de pensées charnelles. M. Bouguereau est toujours égal à lui-même et inférieur à quelques-uns. En face de *l'Amour désarmé* de M. Bouguereau, un artiste de haute valeur et insensible à la griserie des mots, a dit : « Que l'on me coupe les deux poignets plutôt que de faire cette peinture-là. »

La sérénité de M. Bouguereau ne peut être

troublée ; ce qu'il pense me semble inutile à connaître. C'est vers d'autres hommes que la curiosité me mène : Corot est allé voir Delacroix en 1860. Ils ont causé longuement. Delacroix et Barye faisaient de compagnie des études d'animaux dans les cirques forains. Que disaient-ils ? « Malgré ma mauvaise santé, écrit Delacroix en 1829, j'ai travaillé suffisamment ces derniers temps et je fais des progrès. » Après la *Barque de Dante*, après le *Massacre de Scio... !*

Ribot expose un *Breton*, un Ribot à la peau épaisse et une tête de jeune fille ; de la peinture tendre, blonde. C'est vers les anciens peintres que le plus souvent va la pensée de Ribot. « J'aime mieux, je crois, dit-il, Franz Hals que Rembrandt, Rubens ne me va pas trop, ni Van Dick, Paul Véronèse est plus fort. » Ribot imitateur de Ribeira ! Mais Ribeira est idéaliste autant qu'un italien de Rome. Il recherche les formes choisies, la beauté, la noblesse, et Ribot est familier comme un Lenain. Il vient des maîtres anciens, mais quelle part d'ajouté ! Lui, Ribot, obéissant ! Volontaire, partial, farouche, oui ! Courbet aussi vient des musées, ce n'est pas un moderne, c'est un ancien. A qui Ribot a-t-il pris ses *Cuisiniers ?* — A personne. — Et ses *Matelots ?* et ses femmes de *Pêcheurs ?* — Ils lui appartiennent.

La palette de Ribot est à lui. Un Ribot ne fait double avec rien. Cherchez, vous ne trouverez pas. Voyez un Ribot à côté d'un François Millet, d'un Daumier, cela se tient. Un peu avant l'ouverture du Salon, j'ai vu dans l'atelier de l'artiste les dernières études peintes, des marines, des natures mortes, des tableaux terminés, non connus encore du public : *Les Sorcières de Macbeth. — Gens de la campagne écoutant un sermon. — Femmes de pêcheurs au bord de la mer.* « Si la perspective y était, ça n'y serait plus, » dit Ribot. « Quand j'ai fait la tête, les mains m'ennuient, » disait Ricard. Les mains n'ennuient pas Ribot ; il les montre en mouvement, agissantes. Inconnu alors, il alla chez François Millet, de lui-même. Millet était absent. Ribot regarda les études accrochées au mur, des études de mains, de belles études. Millet arrive de mauvaise humeur et congédie Ribot qui rentre chez lui en courant et toute la nuit dessine des mains.

On cause : « Vollon a quelque chose au Salon. » — « Ça doit être bien, dit Ribot. » Des noms sont cités : « J'aime Puvis de Chavannes, dit Ribot. » Le nom de Bracquemond est prononcé. Ribot dit : « Le portrait de M. de Goncourt, par Bracquemond est tout à fait bien dessiné. J'ai vu Bracquemond à l'enterrement de Corot. Je me plaignais un peu. Il m'apostrophe gaiement, brusquement : « Votre temps est passé, à un autre ! » Je ne l'ai jamais revu depuis, et paisiblement, Ribot répète : « Tout à fait bien dessiné. »

Pas tous vaniteux, les artistes. Il n'y a pas longtemps, j'ai vu Ribot copier le *Torse*.

Il raconte :

Le modèle d'un portrait de Ribot, d'un portrait refusé, va retirer la toile, on le gouaille, il se fâche, on le cogne !

Le soir le père dessine, la fille dessine, la mère lit du Corneille à haute voix, elle lit admirablement.

Bracquemond expose une gravure d'après Meissonier. *La rixe ;* c'est très bien. Il grave en ce moment d'après François Millet et ce sera très bien. Quant à moi, je regrette le graveur original, le temps des *chauves-souris clouées sur une porte*[1].

Bracquemond dit : « Il y a le dessin. Il n'y a pas de couleur dans l'art ; il y a du blanc et du noir. »

A côté de ceux-ci dans ce Salon il y a des gens d'une inutilité piquante. Ils allongent la main sans arriver à saisir. Gens de goût d'un certain goût. Il est des écrivains de cette famille. Sur un mot de saveur archaïque : « Est-ce que cela se dit encore ? » et ils effacent. Sur un mot nouveau peut-être un néologisme : « Est-ce que cela se dit déjà ? » et ils biffent.

Je plains beaucoup les critiques d'art qui ont la visée de plaire. Satisfaire un artiste offre des difficultés sérieuses. Faut-il que je dise d'un statuaire : Il pétrit le marbre de ses mains puissantes ?

Je n'en prends pas l'engagement.

1. « Et moi donc, cher Jean et cher Dolent, croyez-vous que je ne le regrette pas, ce temps des *chauves-souris clouées à une porte*, où il faisait toujours soif, mais où la fatigue soit du travail, soit du rien faire était inconnue ? »

« Tout à vous,

« BRACQUEMOND. »

M. Ferdinand Fabre a écrit tout un livre sur M. Jean-Paul Laurens qui a cette pensée : — Il reste beaucoup à dire. « Vieux lutteur » plaît à quelques artistes depuis longtemps à l'œuvre. A d'autres artistes du même temps, vieux lutteur ne plaît point.

On s'ingénie, je cite un critique d'art : « La timidité de cet artiste l'entoure d'un cercle de Popilius dont il ferait bien de chercher les tangentes. » Du même : « Il y a deux ans que ce peintre s'impose inéluctablement à ma critique. Son talent gagnerait à communier avec des tonalités qui paraissent en dehors de son accoutumance. »

Je ne refuse pas de trouver un tour heureux à ces lignes signées d'un nom renommé : « A la suite d'un accident dont les causes sont restées inexpliquées de tous, sa main droite endolorie refuse d'obéir à son caprice. »

Et cette très juste et savante remarque : « Chez presque tous s'accentue le besoin de faire sentir autour de chaque objet le rayonnement fluidique de l'ambiance. »

Et enfin pour donner une idée exacte du pouvoir de la critique d'art, je cite : « Tassaert est de deuxième ordre ; que l'on ne me tourmente pas ou je dis de troisième [1]. » Et si ce critique d'art avait été tourmenté, Tassaert eût été de troisième ordre désormais.

Les portraits de M. Paul Dubois sont bons ; on peut les trouver bons et dire : on a déjà fait ça. Henner d'abord. Très bons ; c'est bien inutile.

M. Diogène Maillart expose un grand tableau où son savoir se montre : « J'ai contre moi les gens de l'École surtout, » dit Maillart. Les gens de l'école aussi !

La *Charge de cavalerie* de M. Aimé Morot me semble être un carrousel.

L'art de M. Eugène Carrière inspire des sympathies vives et fait naître de nombreuses protestations : *Le premier voile :* — « Ce sont des ombres — ce n'est qu'un souffle. » Voici l'opinion de Dalou : — Je croyais que l'on ne pouvait pas utiliser le costume moderne dans une décoration, c'est ce que l'on avait fait qui me le faisait croire. J'avais tort.

1. M. Albert Wolf.

Et, calme, patient, Eugène Carrière dit à sa femme : « Redis de temps en temps pour que je ne l'oublie pas : Un tableau est le développement logique de la lumière. »

Le peintre américain William Dannat, le peintre danois Kroyer, le peintre allemand Uhde qui tient à Jozef Israëls sans servitude.

Le peintre hollandais Jozef Israëls me prend fortement toujours. Vollon : « L'ombre de ses œufs fait tache », dit un peintre. Boudin est un bon petit peintre. Dagnan-Bouveret, sans être bien en avant, mérite l'estime. Et la réputation viendra pour Lépine ; pourquoi si lentement !

M. Lhermitte vaut qu'on l'examine. Une objection d'artiste : « Dans ses fusains, il met des noirs dans les fonds et n'en met pas devant. » Harpignies est le premier.

Les décorations du peintre Ferdinand Humbert ne sont pas une imitation servile des décorations de Puvis de Chavannes. On doit voir Pointelin, Besnard, Sargent même après qu'il a pu faire commettre cette erreur : En voici un qui pastiche Sargent assez maladroitement.

Et Raffaelli, et Mesdag, et Lebourg, et Willette

élève de M. Cabanel. Aucun ne fait double et ainsi ne porte cette marque antiartistique : l'inutilité. Je me donne le plaisir de citer M. Blanche qui vient de Whistler.

M. Whistler expose un portrait d'homme et ce qui sauve ce visionnaire, c'est qu'il est peintre. Un modèle de Whistler : Au café près de nous, un soir, une vieille femme était assise, une très vieille femme bien mise. Cette femme en noir avait dans sa coiffure un large ruban d'un rose pâle sans luisant. Elle nous regardait songeant à des choses qui s'étaient passées cinquante ans auparavant. Alors l'écart entre le rose du ruban et le violet des lèvres sensiblement diminua, l'accord se fit. — Un Whistler, dis-je. — Oui.

Quant au meilleur des deux portraits de M. Cabanel *La religieuse*, je pense que c'est un travail estimable. « Ce n'est pas, dit un peintre, parce que c'est très fini que le crucifix vient devant, c'est qu'il n'est pas en valeur. »

On fait des recherches sur les colorations, on cherche le morceau ; on ne compose plus. Au temps où j'étais écolier, un vieux professeur m'a renseigné sur les lois générales de la composition. Il formulait ainsi son ingénieux système : Un pain de sucre couché tout recouvert de papier, — un pain de sucre à demi couché avec une partie du papier enlevée, — un pain de sucre debout et nu.

Mes connaissances artistiques furent ainsi sensiblement accrues.

Cette cimaise enviée, la soixantaine guillerette de quelques membres du jury la réserve à de jeunes personnes d'agréable figure.

On peut admirer, je crois, M. Puvis de Chavannes. Et comment refuser l'originalité à MM. les élèves de l'École des Beaux-Arts qui cherchent les Italiens, et juger original M. Puvis de Chavannes qui se souvient de Pompéï ? C'est pour lui un point de départ. C'est pour eux un point d'arrivée.

Fantin-Latour expose des pastels, et un portrait d'homme. Les beaux noirs ! Fantin a revu des études anciennes : des fleurs datées de 1856. « J'avais dix-huit ans, dit-il, j'ai depuis beaucoup travaillé ; je ne ferais pas mieux. » Il était enchanté, furieux. Fantin-Latour dit : « Après 1857, Courbet a fait encore de jolies choses, mais il était fini. J'aime ses anciens portraits ; *L'enterrement à Ornans*, malgré la faiblesse d'exécution ; *Les demoiselles dans la campagne*. Je n'aime pas le Manet du plein air, c'est un violent. Je n'aime pas beaucoup Daubigny ; Yongkind n'a rien laissé dans mon souvenir. J'aime beaucoup Chaplin, c'est jeune. J'ai été fou de Tassaert. »

Fantin-Latour, refusé en 1863, a voulu savoir le motif du refus : « Parce qu'il avait peint grandeur nature un sujet fait pour la demie ou le tiers nature. »

— Je ne referais peut-être pas aujourd'hui ce tableau, dit M. Fantin-Latour.

Ainsi, tenant toujours l'enquête ouverte, l'amateur d'art, dont c'est le paiement légitime, arrive à une grande, de plus en plus vive sensibilité de la vision. Enfin il touche à ce sage état : l'intermittence d'un doute intelligent, à cette conviction pleine de modestes aveux : L'expérience de quelques-uns, sottise qui a la consécration de la longue durée.

Juin 1886.

XVIII

1886

ANS MA RUE :

Un homme vient de casser sur la tête d'un ami, ivre aussi, une bouteille pleine. L'ivresse rend prodigue.

Peut-être serait-il mieux de se désaltérer avec une grappe de raisin.

.˙.

DANS MA RUE :

— *Occasions de boire :* Naissances, mariages,

enterrements. Avant de manger pour avoir faim, en mangeant, naturellement, après avoir mangé, fatalement. Et, si l'on achète des bottes, on les arrose.

*
* *

M. Henner croit, dit : « qu'un Delacroix n'a aucun rapport avec la peinture. »

*
* *

Je regarde souvent l'*Enfant qui dort*, du peintre Eugène Carrière ; on ne dort pas comme cela chez M. Lobrichon.

*
* *

Un peintre :

La peinture de Willette fait bien dans un café.

*
* *

Mes lectures : (Henri Regnault, *par Roger-Marx*).

« Quel mouvement et déjà quelle science

dans ces impressions d'une verve qui se dépêche ! » Et aussi : « Cette faculté naturelle mélange de fougue et de science qui tenait lieu à l'artiste d'originalité. » Enfin : « De quel jet hardi Regnault a déterminé le désœuvrement des mains ! »

Quel rang eût pris Henri Regnault ? Je ne saurais dire si cette fin tragique et glorieuse nous a plus attristés qu'appauvris et si l'artiste a plus fait pour son pays en mourant ainsi, qu'il n'eût pu faire en continuant l'œuvre.

Mystère profond. Ces recherches et cette audace avaient jeté le trouble dans les paisibles esprits. L'Ecole disait : Encore un qui lève la main sur sa mère !

Un cortège funèbre passait, le père dit à son fils : — Si tu n'es pas obéissant, un jour c'est moi que tu suivras ainsi !

— Et je serai devant ?... dit l'enfant.

*
* *

Israëls ne me laisse plus aimer Lhermite, même le Lhermite des dessins.

*
* *

Henri IV a Crillon (en français du temps) : Pends-toi, brave Crillon, j'ai eu vingt ans une heure et tu n'étais pas là.

*
* *

A des époques régulières, j'entends dire : « On a récompensé tels peintres. »

Je n'entends jamais dire que l'on en ait puni.

*
* *

Les obsèques de M. Alexandre.

Tableau.

M. Alexandre, le patron de la grande brasserie à Belleville. On a ouvert à 4 heures, à 4 heures seulement. — On est bien sur la terrasse. — Un peu frais.

La veuve est au comptoir. Chacun vient lui parler : — « Et ça c'est bien passé ? — Ce que je suis lasse. J'ai bien mal à la tête. »

La petite sautille quand on ne la regarde pas. — « Vous savez, les enfants ! »

Les hommes sont bien mis, les femmes coiffées. Il y a là le boulanger de la rue des Envierges, un patron du grand magasin, le gérant de la fabrique de caoutchouc, le fabricant de formes de chapeaux, tous les clercs du notaire, ce monsieur qui écrit, les peintres sur porcelaine.

On allume au billard ; on apporte les billes. Quelqu'un dit : « Pas les quilles ! » C'est d'un homme délicat.

Autant de monde qu'un dimanche. La veuve d'une voix sans éclat :

— Recevez à l'as... Voyez au centre .. Servez terrasse...

*
* *

On parlait d'harmonies correspondantes, Puvis de Chavannes dit : — Le matin tout est dans les ors vert pâle. J'ai vu à Cucufa des femmes en blanc se promener dans une forêt. Cela donnait la sensation d'un fleuve hindou.

*
* *

Blanche est un peintre original qui arrive en second.

*
* *

Cazin et Besnard, Degas et Forain, un cousinage.

*
* *

L'odeur d'une maison fraîchement peinte me plaît. Cette impression doit se rattacher à quelque fait ancien, un fait oublié.

*
* *

Le buste de Jean-Paul Laurens par Rodin, c'est affreux, c'est beau, décharné, hideux, macabre. Cet art-là ne plaît pas dans les familles.

*
* *

Se tenir à l'esquisse, s'arrêter au baiser.

La vie d'un homme, histoire qui finit bien : l'homme meurt.

*
* *

Notes d'un Voyageur :

Les Boutéens font des instruments de musique avec les os des hommes tués à la guerre.

Les Sausonnates ont réglé qu'une jeune fille ne pourrait se marier qu'elle n'eût tué un ennemi.

* * *

UN DINER DES TÊTES DE BOIS

J. D. préside au bout de table.

André Lemoyne fait sur les amours du hanneton des révélations étonnantes. Le poète a surpris deux hannetons et une même amoureuse. Tous les trois formaient un groupe sympathique où, dans un accolement décisif, chacun des deux mâles différemment traité touchait en même temps au but convoité sans avoir à subir la promiscuité directe du partage.

Bracquemond, lui, a fait de fortes études sur les amours des limaces. Il a vu la limace tirer d'elle-même un fil épais, visqueux, s'y suspendre, entraînant dans un enroulement lourd et lent la servante de ses ardeurs amoureuses jusqu'au moment où ils se pâment dans l'absolue immobilité conquise.

Bracquemond met J. D. du côté de la bonne oreille et l'on discute. Bracquemond est tumultueux, autoritaire : — Un paysagiste, cela n'existe pas ! — Et Corot ? — Je fais une exception pour Corot. — Et Courbet ? — Courbet est un peintre de figure qui fait aussi le paysage comme Corrège, Titien, Véronèse.

Roger-Marx intervient en paroles sages et rares. Louis Mettling, qui a la dent pointue et les ongles affilés, surseoit.

Bracquemond : — Tout le monde peut être paysagiste. Le garçon qui nous sert est un paysagiste qui s'ignore. A Cayenne les paysagistes !

Mais les grands noms sonnent, les beaux exemples abondent : Le convoi ne partira pas.

L'anarchie règne. Du désaccord général et de dissemblances profondes, l'harmonie est faite : aux ardeurs du verbe les yeux donnent un démenti.

Eugène Carrière et Rapin, causent paisiblement.

Parmi les convives, Jules de Marthold, Alphonse Bouvret, Saint-Juirs, Edmond et Félix Frank, Paul Duprey, Jules Gaillard, Amédée Besnus, Paul Eudel, Jean Desbrosses, Félix et Frédéric Régamey, Léon Duvanchel.

Gustave Déloye dit des vers de sculpteur et les peintres chantent de la voix qu'ils ont les chansons qu'ils savent.

Henri Boutet, le Boutet des petites femmes à la pointe sèche ; Edouard Stern, Ernest Depré, Ch. Clairville, Paul Sébillot, Antony Valabrègue, poète et amateur d'art. Poète, il a le goût des sentiments contenus, le calme amour des notes assourdies.

Jules Valadon jette le trouble dans les paisibles esprits et sème le doute dans les cœurs croyants. Valadon m'avait dit : « Vous êtes un prince ! » Mais bientôt il attaque à grands coups de pioche les murs de ma principauté.

Les petites natures mortes de Valadon sont à lui.

Les poètes se font écouter et, cependant avec une honnêteté puritaine, André Lemoyne, Antony Valabrègue, Hippolyte Devillers dédaignent d'une façon sensible les artifices de diction.

*
* *

FAÇONS D'EXPRIMER :
C'est d'un joli œil.

*
* *

PUVIS DE CHAVANNES A DALOU :

— Je vous aime parce que vous êtes d'avis qu'il est des exécutions nécessaires.

*
* *

Le peintre rentre chez lui affolé par son rêve, il pense au tableau qui vient bien, au modèle rare et sa femme lui dit : « Les chiens ont bien mangé. » Il se couche.

XIX

1887

J'AI cru ceci : Félicien Rops, c'est de la curiosité surtout ; Odilon Redon, c'est de la curiosité seulement.

Surtout ?... Seulement ?...

*
*   *

SALON DE 1887.

Leconte de Lisle : — La *Théodora* de Benjamin-Constant, c'est Théodora.

*
*   *

Un peintre :

Gustave Moreau : l'harmonie des châles de l'Inde.

*
* *

Puvis de Chavannes :

Il est bon de penser à une harmonie : L'or, l'argent ; à une pierre précieuse : le saphir, l'émeraude, le rubis ; quand on cherche les blancs, à la perle.

*
* *

Un peintre :

Fantin-Latour n'emploie pas des moyens de peintre.

*
* *

Dans ma rue :

Tableau.

Le coiffeur : — Nous étions 28 chez Lespès ; les coudes se touchaient. On se disait (et c'était bien agréable) : Celui qui a les cheveux gris en brosse, c'est M. V... le Directeur de théâtre. Celui qui se fait friser au petit fer tous les quinze jours, c'est M. A. D... (trois francs pour la maison et deux francs pour le service). Voilà M. le chef d'orchestre D... M. F. F... qui vient tous les jours ; ce pauvre M. J... M. A. V... et son petit chien qui mord. M. Ed. P... que tout le monde aime. Lequel était le plus désagréable... ? (Il songe) : C'était le ténor polonais.

*
* *

Un Carolus Duran, cela manque de dessous sacré.

*
* *

La fille, un fumier odorant.

*
* *

INDICATION DE MISE EN SCÈNE *d'une pièce naturaliste :*

Tout ce qu'il faut pour décrire.

*
* *

« Donner un corps au rêve, idéaliser la réalité ». Je me permet de dire ceci. C'est plus simple que ça.

*
* *

Je parle d'un mauvais peintre, mais j'en parle, il y a beaucoup de politesse dans le mal que je dis.

*
* *

Je crois que le peintre Besnard est littéraire dans la mesure de sa puissance de volonté.

*
* *

Eugène Carrière :
— Chez les maîtres, la perle est plus noire que la peau.

*
* *

Façons d'exprimer :
Une trentaine fêlée.

*
* *

Les amateurs d'art qui savent quelque chose ont un sourire permanent aux lèvres. Sourire dispense de répondre, de répondre tout de suite. Il est des questions si nettes, la terreur des amateurs d'art ! — « Oui ou non est-ce un original ? » — Oui et non, dit le sourire.

* * *

Un petit architecte commence ainsi ses récits : « C'est l'année ou j'ai construit Bouffemont ; » ou : « Je n'avais pas encore construit Bouffemont. »

Ne nous moquons pas...

* * *

FAÇONS D'EXPRIMER :

L'haleine chargée de parfums.

* * *

Entendre dire : Besnard ! ça finit où il s'arrête. — Pointelin ne fait pas d'observations nouvelles : un Pointelin c'est un Pointelin — la roublardise du métier de Vollon — le petit travail de Fantin-Latour — le dessin spécial de Puvis de Chavannes — les répétitions d'Henner...

Cela plaît à un peintre.

.˙.

— Savez-vous reconnaître l'original de la copie ?

— Assez souvent.

— Pouvez-vous dire si dans un tableau les valeurs sont justes ?

— Le plus souvent.

— Alors vous ne savez rien ?

— Rien, absolument. Je veux dire rien d'une façon absolue.

.˙.

Un peintre :

François Millet ne peint pas bien quand il peint pour bien peindre.

.˙.

Fragment de lettre :

« J'ai vu d'Eugène Carrière des choses admirables. » Rodin.

*
* *

Le peintre L. M... : — Puvis de Chavannes a copié le musée Campana. Il y a des gens qui, s'échauffant devant ça, cherchent la poésie... ils découvrent des choses... Mais où sont les modelés ?

*
* *

La salle des États au Louvre.

Un peintre : — Le Corot, la *Ronde de femmes* est retapé ; c'est indigne du Louvre. Le Huet sur la cimaise, on dirait un Français peint par César de Cock. *La Chapelle sixtine* d'Ingres, on disait c'est un Titien : et c'est un Gerôme. Ingres, j'aime mieux la petite fille de Prud'hon. La salle des États, de qui est-ce ! Nous avons Rodin et Dalou et ça a l'air d'être de Dumont. Ah ! le Delacroix, les *Femmes d'Alger*, la femme qui se déplace, la femme avec des noirs différents...

20.

L'*Entrée des Croisés*, les bannières roses dans le ciel bleu, Véronèse lui-même n'a jamais fait ça !

*
* *

Odilon Redon tend à s'affranchir du connu de la figure humaine : Toujours deux yeux, un nez, une bouche... ah !

*
* *

Dalou :
— Je ne mets pas encore assez de nature.

*
* *

Les Francs Bourgeois. Titre.

*
* *

Ah ! les coups de force des malingres, le cri rauque des gens aphones !.

*
* *

La Bouquetière de l'Hotel-Dieu :
— Fleurissez vos malades, deux sous.

*
* *

Toujours laide, d'une laideur qui se déplace.

*
* *

LA GRANDE PISTE. Titre.

*
* *

— Je suis peut-être trop littéraire, dit le statuaire Rodin.

*
* *

— Je ne travaille qu'avec la permission de la nature, dit Puvis de Chavannes.

*
* *

UN PEINTRE :

— On dit Henner poète et il ne voit rien dans les fonds.

XX

1887

(Derniers feuillets.)

Si je n'étais pas épris d'art, je serais mystique.

*
* *

L'innocence de l'esprit, une innocence conquise.

*
* *

L'art, *Musica sacra*.

*
* *

J'aime le chemin qui nous y mène.

* * *

Les découvrir. — Les sentir. — Les désirer. — Les cueillir.

* * *

La nuit : La solitude, le silence. J'aime la nuit.

* * *

Ce que j'ai appris : A pressentir par l'émotion ressentie, l'intérêt continu, la valeur artistique de l'œuvre.

* * *

Si de deux femmes qui m'écoutent, l'une rougit, l'autre pâlit, c'est de celle-ci que je me souviens.

* * *

Un amateur d'art peut être jeune, il ne peut

pas être gai ; triste, non, pensif. L'art est un refuge.

*
* *

Le peintre Eugène Carrière a recruté bien des esprits du salon de 1880 : *Portrait du père de l'artiste*, au salon de 1887 : *Portrait du sculpteur L. H. Devillez. — Les Dévideuses.*

Un amateur d'art possède de ce peintre savant et innocent :

La petite Jeanne (profil).
La petite Jeanne (face).
Portrait de l'artiste.
Portrait de la femme de l'artiste.
L'Accouchée.
Henriette endormie (une fille du peintre).
La Mère et l'Enfant.
L'Allaitement.
Femme nue couchée.
Femme nue assise (vue de dos).
Chat mangeant le mou.
Pot blanc et bouteilles.
Élise lisant (une fille du peintre).

Femme qui coud.
Élise riant.
Marguerite (Salon de 1884).
L'Enfant à l'assiette.
Portrait de M. J. D...

Eugène Carrière compose du premier au dernier coup de pinceau, cherche des accords dans la nature et, fort de son pouvoir de se développer, d'affirmer ce qu'il aime, il produit ! En évolution toujours ce peintre croit à ce qu'il va dire et n'y croit déjà plus pleinement quand il le dit. Eugène Carrière exprime ce que je sens, il montre l'objet même de mes constantes tendresses : des Réalités ayant la magie du Rêve !

TABLE DES MATIÈRES

Pages.

I. — 1887 1
II. — 1880 5
III. — Exposition des œuvres de Ribot 1880 21
IV. — 1881 25
V. — Les conférences artistiques au musée du Louvre (1882) . . . 37
VI. — 1882 59
VII. — Le portrait (Salon de 1883). . . 75
VIII. — Les vivants. (Exposition nationale) 1883 87
IX. — 1883 99
X. — Un vestibule (1884) 115
XI. — Henri-Anatole de Beaulieu (1884). 127

Pages.

XII. — 1884 135
XIII. — Salon de 1885. 151
XIV. — Salon de 1885. 159
XV. — 1885 185
XVI. — Exposition C. Tassaert (1886). . 199
XVII. — Salon de 1886. 203
XVIII. — 1886. 217
XIX. — 1887. 227
XX. — 1887. (Derniers feuillets) 237

Angers, imp. Burdin et Cie, rue Garnier, 4.

DU MÊME AUTEUR :

UNE VOLÉE DE MERLES 1 vol. . . . . 2 fr. »

LE ROMAN DE LA CHAIR. 100 dessins par Hadol. 1 vol. . . . . 3 fr. 50

AVANT LE DÉLUGE, avec une eau-forte par E. Millet. 1 vol. . . . . 2 fr. »

L'INSOUMIS, avec une eau-forte par E. Millet. 1 v. 2 fr. »

PETIT MANUEL D'ART *à l'usage des ignorants*, avec six eaux-fortes par E. Millet. 1 vol. . . . . . . 3 fr. 50

LE LIVRE D'ART DES FEMMES, avec une eau-forte par Ribot. 1 vol. . . . . 3 fr. 50

BIBLIOTHÈQUE CONTEMPORAINE

Volmes in-18 jésus, imprimés sur beau papier vélin.

Chaque volume 3 fr. 50

PAUL BOURGET. . . .	*L'Irréparable. — Deuxième amour. — Profils perdus.*	1 vol.
— —	*Cruelle énigme.*	1 vol.
— —	*Un crime d'amour*	1 vol.
— —	*André Cornélis.*	1 vol.
— —	*Mensonges.*	1 vol.
LÉON CLADEL.	*Les va-nu-pieds* (épuisé) . .	1 vol.
— —	*Crête-Rouge*	1 vol.
— —	*Ompdrailles*	1 vol.
FRANÇOIS COPPÉE . .	*Contes en prose*	1 vol.
— —	*Vingt contes nouveaux*	1 vol.
A. DAUDET	*Les femmes d'artistes*, avec une eau-forte de Gill. .	1 vol.
FERDINAND FABRE .	*L'abbé Tigranne* (épuisé) .	1 vol.
GUSTAVE FLAUBERT.	*Bouvard et Pécuchet* (œuvre posthume (épuisé). . . .	1 vol.
ANATOLE FRANCE . . .	*Les désirs de Jean Servien* . .	1 vol.
HECTOR FRANCE. . . .	*L'amour au pays bleu*	1 vol.

ANGERS, IMP. BURDIN ET Cie, RUE GARNIER, 4.

www.ingramcontent.com/pod-product-compliance
Ingram Content Group UK Ltd.
Pitfield, Milton Keynes, MK11 3LW, UK
UKHW021048220726
13924UKWH00005B/2055